JEAN LECLERCQ

BERNHARD VON CLAIRVAUX

Jean Leclercq

Bernhard von Clairvaux

Ein Mann prägt seine Zeit

VERLAG NEUE STADT
MÜNCHEN · ZÜRICH · WIEN

Ub.

Ein Buch aus der Reihe:
Große Gestalten der Christenheit

Titel der Originalausgabe: *Bernard de Clairvaux*

Übersetzung aus dem Französischen: Hermann J. Benning

CIP-Titelaufnahme der Deutschen Bibliothek

Leclercq, Jean:

Bernhard von Clairvaux : ein Mann
prägt seine Zeit / Jean Leclercq.
[Übers. aus dem Franz.: Hermann J. Benning].
2. Aufl. – München ; Zürich ; Wien :
Verl. Neue Stadt, 1997
(Grosse Gestalten des Glaubens)
Einheitssacht.: Bernard de Clairvaux <dt.>
ISBN 3-87996-247-2

1997, 2. Auflage

Umschlagabbildung: „Vera effigies" des heiligen Bernhard
aus dem Kloster Zirc in Ungarn
Gesamtherstellung:
MZ-Verlagsdruckerei GmbH, Memmingen
ISBN 3-87996-247-2

Vorwort

Läßt sich eine Brücke schlagen zwischen dem heiligen Bernhard von Clairvaux, diesem Mönch des 12. Jahrhunderts, und unserer Zeit des ausgehenden 20. Jahrhunderts? Diese Frage kann man unter drei verschiedenen Gesichtspunkten beantworten.

Zum einen feiern wir 1990 seinen 900. Geburtstag. Anläßlich dieses Festes werden an vielen Orten der Welt religiöse Veranstaltungen, wissenschaftliche Kongresse und Ausstellungen stattfinden, neue Bilder und andere Werke sakraler Kunst werden entstehen. Die Medien werden durch ihre Beiträge viele Menschen an den heiligen Bernhard erinnern. Fast jedes Jahr gibt es neue Veröffentlichungen, die sich mit seiner Lehre befassen, Werke, die sich an ihm inspirieren, sowie mehr oder weniger romanhafte Biographien. Dieses Schaffen wird einen neuen Auftrieb bekommen.

Darüber hinaus gibt es einen Personenkreis, für den Bernhard von ganz besonderem Interesse ist: die Historiker, die sich mit der Entwicklung der Kultur, der Theologie bzw. der Spiritualität befassen. Die Studien der sogenannten „Bernhardologie" finden ihren Niederschlag in zahlreichen Büchern und Artikeln in verschiedenen Sprachen. Die Bibliographie ist nur schwer auf dem laufenden zu halten. Erst kürzlich ist mit Hilfe eines Computers der Wortschatz des heiligen Bernhard systematisch analysiert und ein „Thesaurus" erstellt worden.

So ebnet die Datenverarbeitung der Forschung neue Wege zur Untersuchung seines Stils und damit auch seines Denkens und seiner Person. Das Interesse an der Wirkungsgeschichte seines Gedankengutes nimmt zu – nicht zuletzt in den Vereinigten Staaten. Seinen Einfluß über die Jahrhunderte hinweg eingehend zu untersuchen, ist eine gewaltige Aufgabe. 1953 hat sein 800. Todesjahr die Bernhard-Forschung ein wichtiges Stück vorangebracht. Auch die „Gedenkfeiern" 1990 werden wohl einen weiteren Schritt in diese Richtung bedeuten. In diesem Buch wollen wir versuchen, eine Einführung in die Forschungsergebnisse zahlreicher Fachleute zu geben.

Die Aktualität des heiligen Bernhard wird aber auch in einem noch größeren Umfeld sichtbar: Es gab zu seinen Lebzeiten wie später in allen Generationen und gibt auch heute noch zahllose Leser, die aus seinem Werk Hoffnung, Licht und Trost geschöpft haben. Viele Christen haben in seinen Schriften eine Antwort auf ihre Fragen gefunden, Licht auf den geheimnisvollen Wegen ihres Lebens in einer bewegten Zeit, im Dunkel des Glaubens und in der Auseinandersetzung, in der ihre Kirche stand und steht. Es ist deutlich wahrnehmbar, daß das Charisma des heiligen Bernhard weiterwirkt. Aus diesem Charisma hat er gelebt; der Geist Gottes hat ihm die Gabe verliehen, durch seine Worte die Herzen der Menschen zu berühren. Für diese Leser, deren es nicht wenige gibt, wurden seine Schriften in zahlreiche Sprachen übersetzt.

Der heilige Bernhard
Ein geschichtliches Porträt

Kindheit

Über seine Kindheit und Jugend, von der Zeit vor seinem Eintritt ins Kloster, hat der heilige Bernhard nie gesprochen. Für diesen Abschnitt seines Lebens sind wir auf drei Zeugnisse angewiesen, denen man nicht in allem historischen Wert beimessen kann: Die ersten beiden, die Viten des Gottfried von Auxerre und des Wilhelm von Saint-Thierry, idealisieren den Heiligen, und das dritte Dokument, von einem gewissen Berengar, ist eine Karikatur. Da sie jedoch recht bekannt wurden, hat man ihnen bisweilen auch Glauben geschenkt, was vielfach den Blick auf den wirklichen Bernhard versperrt hat. Daher werden wir uns auch mit der Glaubwürdigkeit dieser Zeugnisse beschäftigen müssen.

Die ersten beiden Zeugnisse verdanken wir zwei Freunden und Bewunderern des heiligen Bernhard. Dieser Mann war eine so außergewöhnliche Persönlichkeit, daß man sich schon zu seinen Lebzeiten entschloß, seine Lebensgeschichte aufzuschreiben. Dabei wollte man weniger eine historische Biographie verfassen, als vielmehr die „Vita“ eines Heiligen, also ein hagiographisches Werk. Man trug also nicht in erster Linie geschichtlich gesicherte Informationen zusammen, um der Nachwelt wirklichkeitsgetreue, objektive Erinnerungen an sein Leben zu erhalten. Bernhard sollte vielmehr so dargestellt werden, daß er heiliggesprochen und von seinen Zeitgenossen und den nachkommenden Generationen als Heiliger verehrt werden konnte.

Zu diesem Zweck stellte man ein Dossier zusammen: eine gefällige Darstellung seines Wirkens, eine Sammlung der ihm zugeschriebenen Wunder sowie eine bereinigte und überarbeitete Ausgabe seiner Schriften. Die erste Aufgabe wurde einem seiner Schüler, Gottfried von Auxerre, übertragen. Dieser studierte Theologie in Paris, als Abälard dort großes Ansehen genoß. Doch die Ansprache, die Bernhard um 1140 dort an die Studenten gehalten hat, und die Ausstrahlung seiner Persönlichkeit haben ihn so stark beeindruckt, daß er zusammen mit einigen anderen Studenten Bernhard nach Cîteaux folgte und dort ins Kloster eintrat. Gottfried wurde Bernhards erster „Notarius", sein Sekretär, und er blieb es bis zu dessen Tod im Jahre 1153. Daher konnte er diese Zeit aus eigener Anschauung beschreiben.

Von der Kindheit Bernhards, genauer gesagt, von der Zeit zwischen seiner Geburt im Jahre 1090 und seinem Eintritt in Cîteaux um 1112, wußte er dagegen so gut wie gar nichts. Und nun sollte er, ohne daß Bernhard etwas merkte, dessen Leben beschreiben. Ob Bernhard wütend geworden wäre, wie es ihm nach eigenem Bekunden gelegentlich geschah, wenn er von diesem Vorhaben erfahren hätte? Da diese Arbeit verborgen bleiben mußte, konnte Gottfried bei ihm keine Auskünfte einholen. Er ließ also seine Phantasie spielen und stützte sich für seine Darstellung auf die Viten von Heiligen, deren Kindheit und Jugend ausführlich beschrieben worden war. Gottfried schöpfte aus diesem reichen Erbe und schuf jene Aufzeichnungen, die unter der Bezeichnung *Fragmenta* bekannt geworden sind.

Um dieses Material literarisch aufzubereiten, wandte man sich an einen Autor, der aufgrund seines Stils und seiner Lehre großes Ansehen genoß: den einstigen Benediktinerabt Wilhelm von Saint-Thierry in Reims. Dieser hatte Bernhard persönlich kennengelernt, kurz nachdem er im Jahre 1115 Clairvaux gegründet hatte. Er selbst war Zisterziensermönch in der Abtei von Signy in den Ardennen. Weder bei Bernhard – was verständlich ist – noch bei seinen Brüdern, die bei ihm im Kloster lebten, holte er Erkundigungen ein. Er begnügte sich mit dem Dossier, das Gottfried erstellt hatte, unterlegte ihm allerdings eine persönliche Deutung des Bernhard, die seinen eigenen Auffassungen vom Klosterleben, von der Gottsuche und der Heiligkeit entsprach. Er stellte seinem Werk ein bewegendes Zeugnis voran über die Vorahnung, die er von seinem Tod hatte, zu einer Zeit, als er nicht mehr jung war, aber noch auf der Höhe seines Wirkens stand. Es entstand ein Meisterwerk, nicht der objektiven Geschichtsschreibung, sondern der geistlichen Literatur: das I. Buch der *Vita Prima* des heiligen Bernhard. Darin spiegeln sich auch die inneren Fragen Wilhelms wider, die uns durch seine Schriften und aus einer Biographie, die kurz nach seinem Tod verfaßt wurde, bekannt sind.

Aus dem I. Buch der *Vita Prima* des Wilhelm von Saint-Thierry:
„Beim Gedanken, ich könnte diesen großen Heiligen überleben, schien es mir angebracht, seine Biographie erst nach seinem Tod in Angriff zu nehmen, weil er dann nicht mehr unter dem – berechtigten! – Lob zu leiden hätte und weil das Unternehmen weniger der Kritik und dem Widerspruch der Leute ausgesetzt wäre. Doch je kränker der Mann körperlich ist, desto stärker und kräftiger wird er durch die Gnade, die seinen Geist beseelt. Er vollbringt unaufhörlich denkwürdige Taten, schafft neben großen immer noch größere Werke – und diese rufen, da er darüber schweigt, nach einem Schreiber. Ich dagegen fühle mich von Tag zu Tag schwächer, Beschwerden dieses sterblichen Leibs bedrücken mich, und alle Anzeichen deuten auf einen nahen Tod hin; ich spüre, daß das Ende meines Lebens nicht mehr fern ist. So fürchte ich gar sehr, ich müßte bereuen, daß ich das, was ich vor meinem Hinscheiden um jeden Preis getan haben wollte, so lange aufgeschoben habe."

Wilhelm starb fünf Jahre vor dem, dessen Lebensbeschreibung er begonnen hatte. Die Fortführung des Werkes wurde einem anderen gelehrten Mann anvertraut, dem Benediktinerabt Arnold von Bonneval. Er verfaßte das II. Buch. Die drei folgenden Bücher sind das Werk des Gottfried von Auxerre. Ihnen ist eine größere Glaubwürdigkeit beizumessen, denn Gottfried lebte in der Zeit, über die er berichtet, mit Bernhard zusammen. Dennoch ist verständlich, daß der historische Gehalt auch dieser *Vita Prima* immer mehr in Frage gestellt wird.

Später entstanden drei weitere Lebensbeschreibungen, die alle auf die erste Vita zurückgreifen. Diese Werke vermitteln uns vor allem den Bernhard der Legende, weniger sein Leben. Man kann, was von einer anderen Persönlichkeit gesagt worden ist, auch auf ihn beziehen: „Er wurde zur Legende, bevor er in die Geschichte einging." So etwas kennzeichnet nur die ganz Großen. Im gleichen Maß, wie der Bernhard der Geschichte Einfluß auf seine Zeit ausgeübt hat, wirkte auch der Bernhard der Legende – bis in unsere Zeit hinein. Wie beim heiligen Patrick, bei Franziskus und bei vielen anderen bleibt es schwierig, den historischen Kern herauszuschälen. Es lohnt sich aber dennoch, dem Bernhard der Geschichte nachzuspüren; er gewinnt dadurch nur an Faszination. Das gilt besonders für jene Phase seines Lebens, die den Ausschlag gegeben hat für seine ganze weitere Entwicklung: seine Jugendzeit.

Familie und Ausbildung

Die Abstammung des Bernhard liegt zum Teil im Dunkeln. Einiges deutet darauf hin, daß er mütterlicherseits von einem unehelichen Sohn des Herzogs Heinrich I. von Burgund, des zweiten Sohnes von Hugo Capet, abstammte. Vielleicht hat aber auch das Ansehen, das es im mittelalterlichen Frankreich bedeutete, Kapetinger zu sein, diese Verbindung hergestellt. Einer seiner Vorfahren war mit Sicherheit Ranegold, ein normannischer Schurke, dem es im Jahre 948 gelungen war, sich die Grafschaft Runcy anzueignen. Aus dieser Dynastie stammte Aleth, die Mutter Bernhards, deren Vater Graf von Montbard in der Nähe von Bar-sur-Seine in der Champagne war. Gottfried von Auxerre nennt sie in seinen *Fragmenta* Elisabeth und zeigt damit, wie wenig er über sie wußte. Der Name Aleth ist von dem deutschen Namen Adelheid abgeleitet. Bernhards Vater, Tescelin, gehörte zu einem anderen Zweig der Familie der Grafen von Runcy, der mit den Herzögen von Burgund verwandt war.

Aleth und Tescelin hatten sieben Kinder, davon sechs Jungen. Bernhard wurde im Jahre 1090 auf der Burg von Fontaines, nahe bei Dijon, geboren. Alle seine Brüder hatten die militärische Laufbahn eingeschlagen. Im Jahre 1112 halfen sie Hugo II., die Festung von Grancey zurückzuerobern, wo sich der aufständische Graf Rainard de Saulx verschanzt hatte. Die überlieferten und von den Autoren der legendenhaften Lebensbeschreibungen des Bernhard weiter ausgeschmückten Texte stellen Aleth als eine fromme Frau, ja, als Heilige dar. Sie starb, als Bernhard noch ein Kind war. Er hat in seinen Schriften nie von ihr gesprochen. Er hat sich allerdings in seiner Beziehung zu den Mönchen manchmal mit einer Mutter verglichen und mütterliche Symbole verwendet, die er der Heiligen Schrift entnahm. Das brachte er aber nicht in Verbindung zu seiner eigenen Mutter, von der wir nur wenig gesicherte Angaben haben.

Eine Legende erzählt, Aleth habe, als sie mit Bernhard schwanger war, von einem Hund geträumt und einen frommen Mann gebeten, ihr diesen Traum zu deuten. Es gibt verschiedene Varianten, welche Farbe der Hund hatte, ob er bellte, durch Belecken Wunden heilte oder Wache hielt. Der Traum wird – von Texten der Bibel oder der Kirchenväter her – unterschiedlich gedeutet: immer aber als Vorausahnung auf das spätere Wirken des heiligen Bernhard als Prediger, Seelsorger und Verteidiger der Kirche. Einige Generationen später wird der Mutter des heiligen Dominikus ein ähnlicher Traum zugeschrieben: Ihr wird angekündigt, daß ihr Sohn ein tatkräftiger Prediger sein werde. Sie solle ihn nach dem heiligen Gründer der nahegelegenen Benediktinerabtei von Silos Dominikus nennen. Daher kommt es vielleicht auch, daß man die Angehörigen des von Dominikus gegründeten Predigerordens, die Dominikaner, später „Hunde des Herrn" (*Domini canes*) nannte.

Derartige Träume findet man seit dem 4. Jahrhundert in den Lebensbeschreibungen vieler Heiliger. Früher hatte man solche Träume bereits der Mutter des Vergil und auch Müttern von Philosophen, Herrschern, Tyrannen der griechischen Antike und selbst der von Bacchus zugeschrieben. In allen Zivilisationen waren schwangere Frauen geneigt, ihre Träume oder Sehnsüchte als Vorzeichen deuten zu lassen. Dazu gingen sie zu Sehern und Magiern, im Christentum dann zu „Gottesmännern". In derartigen Träumen findet man eine Vielfalt von Tieren, Pflanzen und Naturerscheinungen. Nach einer anderen Legende soll die Mutter des heiligen Robert von Molesmes, des Gründers von Cîteaux, ein Lamm gesehen haben, das – zweifellos unter dem Einfluß der Texte über den heiligen Bernhard – in einer späteren Fassung durch einen Hund ersetzt wurde. All das ist aufschlußreich für die literarische Quellenlage, aber nicht für die historischen Fakten. Auch daß Aleth ihre Kinder nicht Ammen anvertrauen, sondern selbst stillen und sich um sie kümmern wollte, wird von den Müttern vieler Heiliger gesagt.

Man hat Aleth unterstellt, daß sie den Wunsch gehabt hätte, alle ihre Kinder sollten ins Kloster eintreten. Nichts deutet darauf hin; jedenfalls ist der junge Bernhard der einzige, dessen Erziehung Geistlichen anvertraut wurde. Vielleicht wollte man nur ihn auf eine kirchliche, nicht auf eine militärische Laufbahn vorbereiten. In Dijon unterhielt die Abtei Saint-Bénigne eine Schule, die eine lange Tradition aufzuweisen hatte. Für Bernhard aber wurde die Schule der Kanoniker von Saint-Vorles in Châtillon-sur-Seine gewählt. Sie hatte den Vorzug, daß sie in der Nähe der Burg lag, wo Tescelin residierte. So konnte Bernhard weiter am Leben der Familie teilnehmen und zugleich von Lehrern unterrichtet werden, die einen guten Ruf hatten. Seit dem 9. Jahrhundert wurden die dortigen Lehrer an der bischöflichen Schule von Langres ausgebildet. Anfang des 11. Jahrhunderts wurde sie grundlegend reformiert, und zwar von Bruno von Runcy, dem Bischof von Langres, der seinerseits Schüler des Gerbert von Aurillac war, jenes humanistisch gesinnten, weisen Mönches, der später unter dem Namen Silvester II. Papst wurde. Saint-Vorles war eine seiner zahlreichen Schulen, von denen wir nur wissen, daß sie Schriftsteller vom Range eines heiligen Bernhard und zahlreiche andere begabte Autoren hervorgebracht haben.

Während seine Brüder sich der Jagd und dem Dienst an den Waffen widmeten, studierte der junge Bernhard und wohnte gelegentlich den Gottesdiensten in der Kapelle von Saint-Vorles bei. Nach den legendenhaften Darstellungen des Gottfried von Auxerre und des Wilhelm von Saint-Thierry hatte er als junger Mann in einer Weihnachtsnacht ein Erlebnis, das man als „Vision“ oder „Offenbarung“ bezeichnen könnte. Er soll gesehen haben, wie Maria das Jesuskind gebar. Wahrscheinlich ist ihm eine solch rege Phantasie aber erst später zugeschrieben worden, nachdem er in seinen Predigten über die Verkündigung, über die Geburt des Herrn und über das Hohelied so wunderbare Dinge gesagt hatte.

Über die Fächer, die Bernhard studiert hat, können wir nur anhand seiner Werke urteilen. Und wir können nur einige Vermutungen anstellen über die Lehrmethode sowie über die Autoren, die damals gelesen wurden. Im Mittelalter wurde nach einem Ausbildungssystem unterrichtet, das in der Antike entwickelt worden war. Es beinhaltete die symbolische Zahl von sieben Disziplinen, die in zwei Gruppen bzw. Stufen eingeteilt waren oder, wenn man so will, in zwei Fachrichtungen. Die eine, das *Trivium*, umfaßte die literarischen Disziplinen, die Kunst des richtigen Schreibens (Grammatik), des richtigen Redens (Rhetorik) und des richtigen Denkens (Dialektik). Zur zweiten Gruppe, zum *Quadrivium* gehörten die vier mathematischen Disziplinen: Arithmetik, Geometrie, Musik und Astronomie. Einige Historiker meinen, Bernhard sei lediglich im

Trivium unterwiesen worden, andere wiederum, er habe eine vollständige Ausbildung in allen sieben Disziplinen genossen. Es besteht kein Zweifel, daß er sich später in der Kunst des Denkens sowie des mündlichen und schriftlichen Ausdrucks wie kein anderer hervortat. Er zeigte jedoch auch Interesse für die Musik und für die Architektur. Aber muß man für diese Fähigkeiten eine andere Erklärung suchen als sein Genie? In jedem Fall wird die Ausbildung dazu beigetragen haben, seine angeborenen außergewöhnlichen Talente zu entfalten. Er konnte klassische Autoren der lateinischen Antike auswendig zitieren und inspirierte sich an ihren Formulierungen. Es ist beispielsweise sicher, daß er Ciceros Abhandlung *Über die Freundschaft* kannte. Man hat allerdings herausgefunden, daß Bernhard sie erst nach seiner Schulzeit gelesen hat. Vom Beginn seines schriftstellerischen Wirkens an zeichnet sich Bernhard durch die Verwendung rhetorischer Mittel – Wortspiele, Klangspiele und stilistische Kunstgriffe aller Art – aus. Durch seinen häufigen Umgang mit lateinischen Sätzen hatte er gelernt, diese zu „deklinieren“ und umzuformen.

In den zehn Jahren, in denen Bernhard die von Geistlichen geleitete Schule besuchte, hat er das Stundengebet in lateinischer Sprache gebetet und gesungen, lateinische Texte aus der Heiligen Schrift, der Liturgie und von den Kirchenvätern kennengelernt. Redewendungen dieser Sprache der Kirche gingen ein in seine eigene Sprache, wurden das gewohnte, spontane Ausdrucksmittel seiner Gedanken und Empfindungen. Man hat in seinen Schriften auch Formulierungen des Philosophen Boethius gefunden. Er wird in Saint-Vorles in dessen Schriften gelesen oder Zitate von ihm gehört haben. Durch Handbücher, sogenannte „Einführungen in die Autoren“ mit Textauszügen aus den Werken der antiken Schriftsteller und Dichter fanden die Schüler damals Zugang zu den klassischen Denkern, *accessus ad auctores*. Es ist sehr wahrscheinlich, daß dies alles auch für Bernhard gilt, aber man kann es nicht nachweisen. Von seinen Mitschülern – es waren zweifellos nicht sehr viele – ist niemand bekannt geworden. Sein unerreichtes Genie kann durch keine Methode und keinen Lehrmeister begründet werden.

In seinen Werken und in seinem Wirken erweist sich Bernhard als ein außergewöhnlich begabter Mensch, er besaß eine überragende Intelligenz, Sensibilität und künstlerische Begabung. Seinen natürlichen Gaben entsprachen die Gnadengaben. Die Autoren seiner Legende stellen ihn als ein vorbildliches Kind dar: tugendhaft, zurückhaltend, fromm, nachdenklich, einfach und ruhig, liebenswürdig und freundlich gegenüber allen, gehorsam zu seinen Eltern, nicht geschwätzig, keusch und ehrfürchtig vor Gott, einer, der nur studierte, um Gott besser kennenzulernen. Man darf bezweifeln, daß der erwachsene Bernhard diese Lobeshymne unterschrieben hätte. Wilhelm von Saint-Thierry bezieht auf ihn jenes Wort, das Gregor der Große über Benedikt geschrieben hatte: „Er liebte es, bei sich selbst zu verweilen." Das verrät seine Absicht, in Bernhard eine neue Figur vom Rang des Benedikt zu präsentieren. Doch auch unabhängig von allen Reprojektionen seiner Fähigkeiten als Mann der Kirche auf sein Leben als Schüler darf man annehmen, daß er von Gott auf besondere Weise auf seine Lebensaufgabe vorbereitet wurde.

Ganz im Gegensatz zu Gottfried von Auxerre und Wilhelm von Saint-Thierry, die den heiligen Bernhard idealisierten, dachte sich der dritte Biograph alles mögliche aus, um ihn schlechtzumachen. Berengar war ein Schüler von Abälard. Als 1139 gegen seinen Meister ein Prozeß eröffnet wurde, meinte Berengar, er könne diesen verteidigen, indem er seinen Ankläger belastete. Er verfaßte dazu eine *Apologie*, deren Ton von Anfang bis Ende verletzend und sarkastisch ist, und zwar so sehr, daß er sich selbst bald gedrängt fühlte, einen Widerruf zu dieser Schmähschrift zu veröffentlichen.

Berengar beginnt mit dem Vorwurf, Bernhard habe „keine Ahnung von den freien Künsten". Gleich darauf widerspricht er sich und bescheinigt Bernhard, er habe von früher Jugend an kleine rhythmische Lieder und witzige Gedichte verfaßt und versucht, Reimwettbewerbe zu gewinnen. Im Lateinischen lautet das Wort, das mit „witzig“ übersetzt wird, *urbanus*. Vacandard hat es mit „frivol“ übersetzt. So ist die Deutung, daß diese unterhaltsamen Dichtwerke zweideutigen Inhalts gewesen wären, in die Werke der Sekundärliteratur eingegangen, was aber vom Text her völlig unbegründet ist.

Aus der *Apologie* des Berengar (PL 178,1857):
„Es wäre verwunderlich, wenn Eure Sprache trocken und farblos wäre, denn wir haben gehört, daß Ihr von früher Jugend an die Gewohnheit hattet, kleine witzige Lieder und weltliche Melodien zu ersinnen. Und das sage ich nicht einfach so dahin, denn Eure Heimatstadt legt Zeugnis ab für das, was ich sage. Habt Ihr etwa vergessen, daß Ihr Euch in dichterischen Wettbewerben immer bemühtet, Eure Brüder mit scharfsinnigen, hinterlistigen Einfällen zu übertreffen? Und habt Ihr es nicht als schmähliche Beleidigung aufgefaßt, wenn einer von ihnen mit ebenbürtiger Dreistigkeit antwortete? In dem vorliegenden Werk könnte ich unter Berufung auf glaubwürdige Aussagen einige von Euren Albernheiten zitieren; doch wenn ich das täte, müßte ich fürchten, mein eigenes Werk zu besudeln. Außerdem braucht eine allseits bekannte Tatsache nicht belegt zu werden. Und noch immer setzt Ihr häufig im Dienst Gottes auf Euer Talent, zu fabulieren und albern daherzureden.“

Es war für objektive Historiker nicht schwer, die niederträchtigen Beweggründe aufzuzeigen, welche die Tatsachen verstellten und die Übertreibungen in der *Apologie* Berengars erklärten. Orientiert man sich jedoch an dem genauen Wortlaut seiner Formulierungen in dem Abschnitt über Bernhards Schulzeit, so kann man daraus einige Rückschlüsse ziehen. Das Verfassen von rhythmischen Gedichten – dabei ging es um die Anzahl der betonten Silben und nicht um deren Länge oder Kürze – gehörte zu den „Übungen“, die von den Schülern verlangt wurden. Die erste Stufe der Rhetorik, die „inventio“, bestand darin, Gedanken zu sammeln, die dann ausformuliert wurden. Der Grammatiklehrer las Texte von Schriftstellern der Antike vor, erläuterte sie, analysierte ihren Satzbau und das Vokabular und forderte dann die Schüler auf, sie auswendig zu lernen, sie aufzusagen und sie schließlich nachzubilden. Man kann also den Ausführungen Berengars entnehmen, daß in Saint-Vorles das *Trivium* korrekt gelehrt wurde.

Berengar fügt hinzu, Bernhard habe es als eine Beleidigung empfunden, wenn jemand eine bessere Antwort gab als er. Wir wissen nicht, ob das der Wahrheit entspricht oder ob es eine Übertreibung ist. Sicher hatte Bernhard das Talent, sein Können unter Beweis zu stellen. Während Gottfried von Auxerre und Wilhelm von Saint-Thierry ihn als schüchtern darstellen, zeigt Berengar ihn lebhaft und geneigt, sich zu behaupten. So erlebt man Bernhard als Erwachsenen. Wie er jedoch in seiner Jugend war, das bleibt ein Geheimnis.

Der Entschluß, Mönch zu werden

Nach der Legende des Wilhelm von Saint-Thierry soll Aleth sich – wie schon erwähnt – immer gewünscht haben, daß all ihre Kinder Mönche bzw. Nonnen würden. Sie selbst hätte von ihrer Jugend an Nonne werden wollen, doch das hat sie keineswegs daran gehindert, Tescelin zu heiraten. Wenn man die Texte des Gottfried von Auxerre und des Wilhelm von Saint-Thierry eingehend untersucht, stellt man fest, daß Bernhard erst ungefähr im Alter von 20 Jahren daran gedacht hat, ins Kloster einzutreten. Er verwirklichte diesen Plan wahrscheinlich im Jahr 1112, als er 21 Jahre alt war. Lebte er in der Zeit zwischen seiner Ausbildung in Saint-Vorles und dem Eintritt ins Kloster auf der Burg mit seinen Brüdern, seiner Schwester und lebensfrohen Kameraden? Reiste er? Auch über diese Zeit seines Lebens hält er sich in seinen Äußerungen sehr zurück. Die erbaulichen Erlebnisse, die man ihm in dieser Lebensphase zuschreibt, haben kaum historischen Wert.

Gottfried sagt uns, daß Bernhard stärker als früher – was zu erwarten war – zwei verschiedene Neigungen verspürte: die eine zum Gebet und zur Kontemplation, die andere zu den Verlockungen der Welt. In dieser Hinsicht hat Wilhelm seiner Phantasie freien Lauf gelassen. Er ersann wundersame Begebenheiten, um Bernhards Tugendhaftigkeit zu demonstrieren. Es fällt nicht schwer, sie zu entlarven, denn die Legenden über die Jugendzeit großer Persönlichkeiten der Antike und des Mittelalters sind voll von solchen Episoden.

Die erste dieser Versuchungen, denen die Tugend Bernhards ausgesetzt gewesen sein soll, bestand darin, daß sich ihm eines Nachts in seinem Zimmer eine schöne Dame, gekleidet in erlesene Gewänder und reich geschmückt, genähert habe und ihn zur Sünde verführen wollte. Er aber „richtete an sie freundliche Worte und befreite sich aus ihren Armen, worauf sie die Flucht ergriff“. Eine Szene, die eher in einen höfischen Roman passen würde als in einen hagiographischen Text. Tatsächlich fiel sie bei der Endfassung der Legende der Zensur zum Opfer.

Eine andere Episode ist noch weniger originell. Bernhard soll sich beim Anblick einer Frau erregt gefühlt haben, was ja durchaus ein Zeichen für seine Normalität wäre. Sogleich soll er sich in eiskaltes Wasser gestürzt haben, bis seine Leidenschaft abgekühlt war. Ähnliches wird von zahlreichen Heiligen der frühchristlichen Zeit, des Mittelalters und der Zeit des Bernhard berichtet. Die Schilderungen variieren: Der eine Held wirft sich in einen Weiher, ein anderer in den Schnee, wieder andere ins Feuer oder in ein Dornengestrüpp. Solche „Vorbilder“ stammen aus dem Arsenal der Prediger, die damit ihren Worten Nachdruck verliehen. Wilhelm von Saint-Thierry bleibt seiner Absicht – und seiner Quelle – treu, indem er zwei Formulierungen verwendet, die bereits von Gregor dem Großen auf den heiligen Benedikt bezogen worden waren. Am Anfang: „Als er einst eine Frau erblickte“, und am Schluß: „Er kam wieder zu sich“. Auch hier ist herauszuhören, daß Bernhard als ein neuer Benedikt dargestellt werden soll.

Ein drittes Abenteuer ähnelt dem ersten. Ein Mädchen soll in sein Bett geschlüpft sein, als er schlief. In einem Text liest man sogar, sie habe ihn mit ihren Fingernägeln so gekratzt, daß er blutete. Als er wach wurde, habe er ihr in aller Ruhe den Rücken zugekehrt. Voller Scheu, im Zwiespalt zwischen Gewissensbissen und Bewunderung, sei das Mädchen geflohen. Eine ähnliche Begebenheit wird auch von Thomas von Aquin berichtet. Seine Biographen hatten wenig Mühe, den Nachweis zu erbringen, daß „das wundersame Erlebnis mit der Kurtisane“ geschichtlich nicht fundiert ist. Schließlich eine Begebenheit, die ganz und gar nicht unwahrscheinlich und noch brisanter ist als die vorhergehenden. Die Autoren von höfischen Romanen und vor allem von Verserzählungen berichten oft, daß man sich abends nach der Rückkehr eines Ritters in die Burg befleißigte, ihm seine Rüstung abzunehmen, ihn ein Bad nehmen und „sich entspannen" zu lassen. Die Mätresse des Hauses oder ihre Tochter kam und kümmerte sich um die „Nachtruhe des Ritters". Ein gängiges literarisches Motiv: Kein Dokument kann den Wahrheitsgehalt einer solchen Begebenheit verbürgen. Dennoch hat man ein derartiges Motiv auch auf den heiligen Bernhard bezogen. Als er mit Gefährten in einer Burg haltgemacht hatte, um dort die Nacht zu verbringen, habe die Hausherrin, bezaubert von seiner Schönheit, unter dem Vorwand, er sei wichtiger als die anderen, für ihn ein gesondertes Zimmer herrichten lassen. „Sie trat ihm schamlos entgegen." Bernhard aber, ihre Absichten ahnend, soll geschrien haben: „Haltet den Dieb! Haltet den Dieb!" Sie habe sich auf der Stelle zurückgezogen, während Bernhards Kameraden aufgewacht und aufgestanden seien und überall die Diebe gesucht hätten. Das ganze soll sich dreimal wiederholt haben. Diese Geschichte sagt mehr über den Erzähler als über das Leben des Heiligen. Oft heißt es in solchen Fällen in der Legende, die Verführerin habe Reue empfunden, sich bekehrt, und manche sei sogar Nonne geworden oder habe sich in die Einsamkeit zurückgezogen. In unserem Fall ist davon keine Rede; doch das Ende dieser kleinen Begebenheit ist aufschlußreich: Am anderen Tag sollen die Gefährten Bernhard gefragt haben, was die Diebe ihm denn hätten rauben wollen. „Die Keuschheit", soll er geantwortet haben, und damit war die Burgherrin unter Anklage gestellt. Wenn diese Geschichten wahr wären, vermittelten sie jedenfalls nicht den Eindruck zwanghaften Verdrängens, sondern der Ausgeglichenheit und Freiheit. Bernhard gab bereits zu dieser Zeit Kostproben seines Humors, der ihn später stets auszeichnete.

Die Bekehrung einer ganzen Familie

Ein genaues Studium der Handschriften der *Vita Prima* läßt es denkbar erscheinen, daß Bernhard 1113 in Cîteaux eingetreten ist, also 15 Jahre nach der Gründung dieses Kloster im Jahre 1098. Andere Hinweise führen mit gleicher Wahrscheinlichkeit zu dem Schluß, daß der Eintritt Bernhards auf das Jahr 1112 zu datieren ist. Dies läßt sich zum gegenwärtigen Zeitpunkt nicht mit Sicherheit entscheiden. Bernhard war damals 22 oder 23 Jahre alt. Vier oder fünf Jahre nach Abschluß seiner Ausbildung in Saint-Vorles reifte in ihm die Entscheidung, Mönch zu werden. Sie verwirklichte sich schrittweise; es stellten sich ihm Hindernisse in den Weg, vielleicht hat er auch gezögert. Mit seinem Entschluß beschäftigte sich seine ganze familiäre Umgebung; die gesellschaftlichen Strukturen seiner Zeit lassen erahnen, nach welchen Regeln das ablief, auch wenn die durch die Legenden bedingte Unsicherheit bleibt.

Zwischen seinem 18. und seinem 22. oder 23. Lebensjahr gehörte Bernhard wahrscheinlich zu einer jener Horden junger, untätiger Adliger, deren Zeitvertreib nur darin bestand, auf die Jagd zu gehen, von Burg zu Burg Fehden auszutragen, an Turnieren teilzunehmen und sich zu amüsieren, indem sie sich Romane und – wie es scheint – vor allem Verserzählungen anhörten. In dieser Schar lebenslustiger Gefährten wird er sich wohl nicht nur mit dem Minnesang zufriedengegeben haben. Er ist hin- und hergerissen zwischen dem, was die Seinen für ihn wünschen, und einem Ruf, der von weiter her kommt.

Bernhards Mutter, Aleth, ist um 1103 gestorben, als er noch ein Junge war. Sein Vater, Tescelin, steht noch voll im Dienst als Ritter. Bernhard hat fünf Brüder und eine Schwester, die keine Schule besucht haben, die aber zu Hause, wie das oft der Fall war, lesen und schreiben lernten. Der Älteste ist Guy; von ihm wissen wir, daß er später das eine oder andere Manuskript in Händen gehabt hat. Danach kommt Gérard, auf den der heilige Bernhard eines Tages die biblische Formulierung bezieht,

„daß er die Schrift nicht kannte". „Schrift" meint in diesem Fall offensichtlich die Kunst des Schreibens. Es folgen André und Barthélemy. Der jüngste, Nivard, ist zu diesem Zeitpunkt noch ein Kind. Ihre Schwester, Hombeline, heiratet einen Ritter, der wahrscheinlich Wilhelm von Marey hieß.

Nach der Legende versuchte seine Familie, als sie von dem Plan Bernhards erfuhr, ins Kloster einzutreten, ihn davon abzubringen, indem sie ihn zur Fortsetzung seiner Studien nach Deutschland schickte: Er sollte sich dort auf eine kirchliche Laufbahn vorbereiten. In einer der wenigen Anspielungen auf seine Vergangenheit erwähnt Bernhard, daß sein Vetter, ein Erzdiakon von Langres, versucht habe, seinen „ersten Glaubenseifer auszulöschen". Der Hinweis stammt aus einem Brief (*Ep.* 2,3; datiert etwa um 1120) an dessen Neffen, der sich von Bernhards Vetter hatte bewegen lassen, den Stand der Regularkanoniker zu verlassen:

„Du bist ein unvernünftiger junger Mann! Jung bist Du aufgrund Deiner Neigungen, weniger wegen Deines Alters! Wer hat Dich derart in seinen Bann ziehen können, daß Du einen so wohlbegonnenen Weg verlassen hast? Dein Onkel, sagst Du. Auf diese Weise schob Adam einst seine Schuld auf seine Frau, und die wiederum auf die Schlange; aber keiner wird der verdienten Strafe entgehen. Klage nicht den Alten an, um Dich zu entschuldigen, denn Du kannst Dich nicht entschuldigen, und sein Versagen mindert nicht das Deine. Hat er Dich etwa entführt? Hat er Dir Gewalt angetan? Er ist doch nur mit Bitten an Dich herangetreten; er hat sich keiner Fesseln bedient, um Dich in Ketten zu legen; er hat Dich durch zärtliche Worte gewonnen und nicht gewaltsam mit sich gezogen. Wer hat Dich gezwungen, seinen betörenden Worten zu glauben und ihnen nachzugeben? . . .
Du, der Du der Welt entsagt hast, willst einem Mann der Welt folgen? Beim Herannahen des Wolfes zittert das Schaf und flieht; beim Anblick des Sperbers fürchtet sich die Taube und

versteckt sich; die Maus kommt nicht aus ihrem Loch, auch wenn sie der Hunger drängt, solange die Katze umherschweift. Du aber hast den Dieb kaum bemerkt, der sich mit Dir davonmachte. Muß ich einen Menschen, der es gewagt hat, aus dem Schatz Christi eine so kostbare Perle wie Dich zu rauben, nicht so bezeichnen?
Ich wollte eigentlich nicht über den Fehler dieses Mannes sprechen, weil ich fürchtete, daß der Hinweis auf eine so harte Wahrheit nur seinen Haß auf mich wecken würde. Aber ich konnte nicht umhin, ein Wort über jemanden zu sagen, der nach meinem Dafürhalten bis auf den heutigen Tag nicht abgelassen hat, mit allen Kräften dem Heiligen Geist Widerstand zu leisten, und der vor Gott Rechenschaft ablegen muß über all das, was er gegen Gottes Ehre unternommen hat. Er hat einst versucht, in mir den ersten Glaubenseifer auszulöschen, aber dank der Gnade Gottes hat er es nicht vermocht. Er bemüht sich immer noch – glücklicherweise ohne Erfolg – Guerri, seinen Neffen und Deinen Vetter, von seiner Berufung abzubringen. Doch statt ihn ins Wanken zu bringen, hat er ihm Anlaß gegeben, noch entschiedener zu seiner Berufung zu stehen."

Bernhard machte sich, wie die Legende berichtet, auf den Weg nach Deutschland, aber bald geriet er in eine innere Krise; er ging in eine Kirche, um dort zu beten. So überwand er seine Zweifel und faßte den festen Entschluß, Mönch zu werden, mehr noch: Er wollte alle seine Brüder zum gleichen Schritt bewegen. Er kehrte um und begann, sie für diese Idee zu begeistern.

Anfang 1112 waren alle Geschwister – außer Nivard – im Einsatz bei der Belagerung der Festung von Grancey. Mit ihnen war auch ihr Onkel, Gaudry von Touillon. Der älteste Bruder, Guy, war bereits verheiratet. Bernhard soll ihm erklärt haben, daß seine Frau ihm noch vor dem nächsten Osterfest entweder ihre Zustimmung zu seiner Berufung oder die Freiheit geben würde durch ihren Tod. Gottfried von Auxerre fügt hinzu, daß sie tatsächlich wenig später von sich aus ihren Gatten gebeten haben soll, ihr zu erlauben, selbst Nonne zu werden, und daß sie ihm auf diese Weise freistellte, Mönch zu werden. Der Onkel Gaudry, der bereits ein gespanntes Verhältnis zu seinem Lehnsherrn, dem Grafen Hugo von Champagne, hatte, ließ sich nicht lange bitten. André, der jüngere Bruder von Bernhard, war verwundet und in Gefangenschaft geraten. Bernhard gelang es, ihn zu besuchen; er überzeugte auch ihn und bemühte sich um seine Befreiung. Nur Gérard sperrte sich und verließ das Schlachtfeld nicht. Bernhard nahm seine Schar, die aus seinen Brüdern und einigen anderen bestand, mit nach Sombernon, einem Landgut, das der Familie gehörte, wo er sie auf den endgültigen Schritt, den Eintritt ins Kloster, vorbereiten wollte. Kurz darauf wurde Gérard verwundet und geriet mehrere Monate in Gefangenschaft. Er soll auf wundersame Weise geflohen sein; die Darstellung inspiriert sich dieses Mal an der Befreiung des heiligen Petrus, der einige humorvolle Details hinzugefügt werden. So stieß auch er zu der Gruppe.

Woran dachten sie, worüber redeten sie, oder hörten sie nur ihrem jungen Anführer zu, der zu ihnen sprach? Soweit wir Bernhard kennen, können wir uns nicht vorstellen, daß er untätig blieb. Er wird schon zu jener Zeit seine Vorstellungen über einen neuen klösterlichen Lebensstil entwickelt haben. Sogleich begann er mit der Unterweisung seiner Gefährten. Alle sollten zunächst ihre Entscheidung bekräftigen, sich für das offen zu halten, was Bernhard ihnen vor Augen führte. Bald folgten sie ihm bedingungslos und begannen, seine Pläne zu verwirklichen. Einige von ihnen mußten noch geschäftliche Angelegenheiten regeln und über ihren Besitz verfügen, soweit sie welchen hatten.

Nach Wilhelm von Saint-Thierry soll Bernhard am ersten Tag dieser gemeinsamen Exerzitien in dem Moment in eine Kirche eingetreten sein, als dort der Abschnitt aus dem ersten Brief des heiligen Paulus an die Korinther (1,9-13) vorgelesen wurde, der mit den Worten beginnt: „Treu ist Gott . . .“ Dieser

Zufall soll ihn in seinem Vorhaben bestätigt haben. Hier greift Wilhelm auf eine Begebenheit zurück, die nach der von Athanasius verfaßten *Vita* für die Berufung des heiligen Antonius entscheidend gewesen sein soll. Wilhelm übernimmt sogar die sprachliche Formulierung, dieser habe jene Worte verstanden, „als ob sie an ihn persönlich gerichtet seien". Antonius – dessen Schriften Wilhelm mit Begeisterung las – hat sich in seinen *Bekenntnissen* auf die gleiche Begebenheit berufen. Auch hier also ein bekanntes Motiv der Hagiographie.

Die Vorbereitung auf das Noviziat scheint ungefähr sechs Monate gedauert zu haben. Dann stießen zu der Gruppe noch weitere junge Männer, Verwandte und Freunde, unter ihnen Hugo von Vitry, der möglicherweise ein Studiengefährte Bernhards in Saint-Vorles gewesen war. Die Gruppe wuchs auf insgesamt etwa 30 Personen. Vielleicht ist diese Zahl auch leicht übertrieben, um das Ansehen Bernhards zu mehren. Solche gemeinschaftlichen Eintritte ins Kloster hatte es auch früher in der Geschichte des Mönchtums gegeben. Bekehrungen von ganzen Familien sind vor allem für das 4. Jahrhundert in der Umgebung des heiligen Pachomius und des heiligen Basilius und vom 5. Jahrhundert an in Irland bezeugt. Auch Therese vom Kinde Jesu folgte ihren älteren Schwestern in den Karmel von Lisieux; Céline, ihre jüngere Schwester, trat später dort ein. Unter den Zeitgenossen des heiligen Bernhard soll es Bekehrungen von ganzen Familien, die sich dem Ordensleben zuwandten, häufiger gegeben haben. Diese Verbundenheit in der Berufung hatte sicher den Vorteil, daß sich homogene Gruppen bildeten. Als Bernhard später ausgesandt wurde, um ein neues Kloster zu gründen, nahm er seine Verwandten und mehrere seiner Gefährten mit.

Obwohl er nicht der Älteste der Familie war, hatte er auf seine Geschwister und Verwandten einen maßgeblichen Einfluß. Schon früh erwies er sich als geistliche Führungspersönlichkeit. Bernhard mußte mit ihnen und – aller Wahrscheinlichkeit nach – für sie und in ihrem Namen eine wichtige Entscheidung treffen: Wohin sollten sie gehen, um sich als Mönche einkleiden zu lassen? Bernhard hatte Verwandte in Molesmes, das nicht weit entfernt war. In Dijon, das ebenfalls in der Nähe lag, bot sich die Abtei Saint-Bénigne an. Er entschied sich für Cîteaux, das zu der Zeit nur „das neue Kloster“ genannt wurde und seit 15 Jahren bestand. Dorthin begab er sich Ende Mai 1112 oder 1113 mit seinen Gefährten, und weitere schlossen sich ihnen an.

Den Augenblick ihrer Abreise von der Burg der Familie schmückt die Legende mit einem schönen Wort aus, das Nivard in den Mund gelegt wird. Er blieb mit Tescelin zurück, dessen einziger Erbe er sein würde. Nivard spielte im Hof mit gleichaltrigen Kindern. Bei der Verabschiedung soll Guy scherzhaft gesagt haben: „Schau, Nivard, wir gehen fort. Alle Besitztümer gehören dir. Wie reich wirst du sein!“ Darauf soll er geantwortet haben: „Wie? Ihr nehmt euch den Himmel, und mir laßt ihr die Erde? Diese Art des Teilens gefällt mir nicht!“ Er soll mehrmals von zu Hause fortgelaufen sein – nach Cîteaux, von wo man ihn wieder zu seinem Vater zurückbrachte. Da seine Brüder im Kriegsdienst nicht mehr ihr Ideal sahen, schickten sie ihn zum Unterricht zu einem Priester. Später schloß er sich ihnen in Clairvaux an und war an mehreren Gründungen des heiligen Bernhard beteiligt.

Der junge Reformer

In dem Bemühen, das Wirken des heiligen Bernhard ins rechte Licht zu rücken, glaubten Wilhelm von Saint-Thierry und andere, schreiben zu müssen, die Abtei von Cîteaux hätte nicht genügend Nachwuchs gehabt und kurz vor der Schließung gestanden. Eine Besonderheit dieser Gründung lag darin, daß dort die Regel des heiligen Benedikt in einem wichtigen Punkt nicht befolgt wurde: Man nahm keine Kinder auf, die von ihren Eltern gebracht wurden, von seltenen Ausnahmen abgesehen, wenn ein Familienvater als Witwer oder getrennt von seiner Frau mit einem oder mehreren seiner Kinder ins Kloster eintrat. Andere neue Gründungen in dieser Zeit hielten es ebenso. Daher bestand das Noviziat – die Zeit der Vorbereitung auf die endgültige Hingabe – nicht mehr wie im traditionellen Mönchtum in der Vermittlung einer schulischen Ausbildung, also einer Zeit, in der man die Regel nur zum Teil befolgte, sondern von Anfang an im Leben der vollständigen Regel.

Die ersten zwei oder drei Jahre, die Bernhard in Cîteaux verbrachte, liegen völlig im Dunkeln. Er mußte wie alle Mönche am Chorgebet teilnehmen, auf den Feldern und in den Wäldern arbeiten und sich der Lektüre widmen. Welche Werke wird er gelesen haben? Wir sind ziemlich gut informiert über die Bibliothek von Cîteaux, aber man weiß nicht genau, welche Handschriften sich bereits zu Bernhards Zeit dort befanden. Über zehn Jahre später, um 1125, schrieb er an einen englischen Scholaren, Henry Murdac, der sich nicht entscheiden konnte zwischen dem monastischen Leben und dem des Gelehrten (*Ep.* 106,2):

„Wie glücklich wäre ich, Euch endlich mit mir in der Nachfolge Christi zu sehen und in meinen Händen das geläuterte Gefäß Eures Herzens zu halten, damit er es mit dem Segen seiner Gnade fülle, die alles Wissen begleitet! Wie gern bräche ich mit Euch das noch warme und duftende Brot, das soeben aus dem Ofen kommt, das Christus, wie man sagt, oft mit großzügiger Hand seinen Armen reicht! Das wäre für mich der Gipfel des Glücks, wenn ich Eure Lippen benetzen könnte mit einem jener Tropfen wohlschmeckenden Wassers, das Gott in seiner Güte manchmal über seinen armen Diener regnen läßt, und wenn ich meinerseits vom lichten Tau Eurer Seele kosten dürfte! Mein lieber Freund, verlassen Sie sich auf meine Erfahrung: In den Wäldern lernt man mehr als aus den Büchern; Bäume und Felsgestein werden Euch mehr beibringen als das, was man anderswo zu hören bekommt. Ihr werdet selbst sehen, daß man aus den Steinen Honig und aus den härtesten Felsen Öl gewinnen kann. Kennt Ihr nicht die Freude, die von unseren Bergen kommt, die Milch und den Honig, die von unseren Hügeln fließen? Wißt Ihr nicht, daß unsere Täler Weizen im Überfluß haben? Ich muß einhalten. Wie viele Dinge könnte ich Euch noch aufzählen! Aber für Euch ist es wichtiger zu beten, als zu lernen. Möge Gott Euer Herz öffnen für die Liebe zu seinem Gesetz und seinen Geboten."

Kann man daraus entnehmen, daß Bernhard in der Zeit seiner Ausbildung mehr Zeit mit der Urbarmachung des Bodens als mit der Lektüre verbracht hat? Einerseits war das Lob des verborgenen Lebens „im Schatten der Bäume" ein literarisches Motiv, und andererseits bezeugen die Handschriften, die der heilige Bernhard sehr bald erwarb oder in Clairvaux abschreiben ließ, die Wertschätzung, die er den Studien entgegenbrachte.

Über seine Beziehung mit Stephan Harding, dem Abt von Cîteaux, hat er nichts verlauten lassen. Sein Jahr im Noviziat und die darauffolgenden Monate waren eine Zeit des Schweigens und der inneren Sammlung. Seine starke Persönlichkeit wird konfrontiert mit den konkreten Anforderungen des Alltags im Kloster, welche das geistliche Leben und auch die Gruppe derer, die mit ihm eingetreten war, sowie die Kommunität, die sie dort vorgefunden hatten, an ihn stellten.

Zwei Dinge hat er mit Sicherheit in dieser Zeit getan: seine literarische Bildung vervollständigt und die Lehre der Kirche studiert. Als er bald darauf zu schreiben beginnt, erweist er sich sofort als Meister: Schon seine frühen Werke zeichnen sich durch ihren Stil und ihren theologischen Gehalt aus. Gleichzeitig reifte in ihm der Plan, dessen Verwirklichung sein ganzes Leben prägen sollte: die Begründung eines Mönchtums, das frei sein sollte von allen Kompromissen mit der Zeit. Diese Vorstellung scheint er bereits vor seinem Eintritt in Cîteaux gehabt zu haben. Er wird nicht von heute auf morgen die Situation erkannt haben, in der sich die Klöster befanden, sein eigenes inbegriffen. Je mehr er damit konfrontiert wurde, desto mehr wird er beobachtet und nachgedacht haben. Das religiöse Leben der aus der Abtei von Molesmes stammenden Mönche in Cîteaux war auch vor dem Eintritt Bernhards intensiv, wird sich aber kaum von dem Leben in anderen Klöstern unterschieden haben: die gleiche Einstellung zur Ökonomie, zu den Großen dieser Welt – die überall hinkamen, um „Hof zu halten“ – und zur Kunst. Die im Auftrag von Harding – vielleicht auch schon von Alberich – angefertigten Handschriften zierten mehrfarbige Abbildungen; die phantasievollen Zeichnungen setzen uns noch heute in Erstaunen.

Bernhard wird weiterhin seinen Einfluß auf seine Gefährten ausgeübt haben. Bald werden sie ihm geschlossen folgen, wohin er auch geht, und sich seine Pläne zu eigen machen. Er wird viele Dinge unternehmen, die man wegen ihrer Fülle hier nicht einmal aufzählen kann. Wir können lediglich die wichtigsten Grundzüge und Stationen seines so reichen Lebensweges in den 40 Jahren, die ihm noch verbleiben, aufzeigen.

Sein erstes Betätigungsfeld war sein eigenes Kloster. Die Abtei von Cîteaux war im März 1098 von Robert von Molesmes, dem ersten Abt des dortigen Klosters, gegründet worden: Er war mit seinem Prior Alberich und einigen Mönchen nach Cîteaux gekommen, um dort das klösterliche Leben nach der unverfälschten Benediktusregel zu beginnen. Schon bald aber rief ihn seine Kommunität zurück. Er kehrte im Jahre 1099 nach Molesmes zurück. Alberich wurde sein Nachfolger als Abt von Cîteaux und blieb neun Jahre im Amt. Cîteaux zählte in seinen Anfängen offensichtlich nur wenige Mönche, was auch für seine Tochtergründungen – angefangen von La Ferté-sur-Grosne 1113 – gilt. Es gab damals auch andere ähnliche Gemeinschaften, wie die von Fontemoy, die nach Reigny übersiedelte. Sie waren arm, ohne große Ländereien, und führten ein bescheidenes Leben.

Cîteaux kam bald zu einer gewissen Blüte. Nachfolger Alberichs wurde im Jahre 1109 ein Engländer, Stephan Harding, der bis 1133 dem Kloster vorstand. Er verfügte bereits über ausreichende Mittel, um mehrere große Handschriften abschreiben und reich ausschmücken zu lassen. Dann ereignete sich das, was der ganzen Entwicklung eine neue Richtung gab: der Eintritt des Bernhard von Fontaines, der mit seiner herausragenden Persönlichkeit und mit seiner Gruppe von jungen, entschiedenen, hochmotivierten und von ihrem Anführer begeisterten Männern in kein Schema einzuordnen war und die herkömmlichen Ideen und Vorstellungen umwandelte. Bernhard erwies sich als ein unerschrockener Reformer, und er war entschlossen, die Erneuerung in Cîteaux selbst zu beginnen, dann in all den Klöstern, die daraus hervorgegangen sind.

Zwei Dinge kamen ihm dabei zugute: zum einen die außergewöhnliche Dynamik seiner Person und zum anderen die Tatsache, daß er und seine Gruppe in der damaligen Gesellschaft einen großen Einfluß hatten. Bernhard entstammte zwar nicht dem Hochadel, er war jedoch mit den Herzögen von Burgund, mit dem Herrscherhaus der Kapetinger, mit den Herzögen von Lothringen und – durch sie – mit der Königsfamilie und einer normannischen Dynastie verwandt. Auch seine Gefährten kamen aus dem Rittertum. Mehrere von ihnen machten, wenn man es so nennen will, schnell Karriere – natürlich im Geiste der Erneuerung – in der monastischen und kirchlichen Hierarchie. Die Bedeutung dieser Gruppe um Bernhard ist Harding und den anderen Mönchen von Cîteaux nicht lange verborgen geblieben.

Man wählte aus ihrer Mitte die Äbte für die Tochtergründungen: für Pontigny im Jahre 1114, im Juni 1115 für Clairvaux – wohin Bernhard entsandt wird – und für Morimond. Auch die nachfolgenden Äbte von La Ferté (im Mai 1124) und von Morimond (1125) stammen aus dem Kreis um Bernhard, ebenfalls die beiden Nachfolger von Harding im Jahre 1133 und 1134 und noch andere. Offensichtlich hatte der junge Bernhard einen mächtigen Einfluß auf die Entwicklung der Bewegung, die aus Cîteaux hervorgegangen ist. Seine Gefährten, die Äbte geworden waren, bildeten die Mehrheit im Generalkapitel, das er auf diese Weise prägen konnte.

Die Resultate seiner Bemühungen ließen nicht lange auf sich warten. Sie zeigen sich in einer klaren Neuorientierung. Wir können hier nur die wichtigsten, gesicherten Ergebnisse der Forschungen zur Geschichte der ersten Zisterzienser-Regel aufzeigen. Was wir über die Absichten der Gründer von Cîteaux wissen, ist Texten entnommen, die erst nach Bernhards Eintritt und unter seinem Einfluß entstanden sind. Sie sagen zwar mehr über die Absichten Bernhards aus, doch diese wurden schon bald von den Zisterziensern übernommen.

Ein Datum kann als Anhaltspunkt dienen: das Jahr 1119, in dem Papst Calixtus II. die ersten Dokumente dieser Regel bestätigt. Sie sind bekannt geworden unter der Bezeichnung *Charta der Liebe*. Aus der gleichen Zeit stammt ein weiteres Dokument, das *Exordium von Cîteaux*. Bald darauf erschien das *Kleine Exordium von Cîteaux*. In diesem finden sich acht unterschiedliche Texte, die sich auf die Rechtmäßigkeit der Anfänge, des *Exordiums*, der Mönche von Molesmes und der Gründung von Cîteaux beziehen. Man datiert sie zwischen 1097/1098 und 1100. Es ist nicht sicher, ob alle Texte authentisch und frei von späteren Interpretationen sind. Auf jeden Fall enthalten sie zwei wichtige Hinweise auf die Regel des heiligen Benedikt. Der erste bezieht sich auf die Aufnahme eines Mönchs aus einem anderen Kloster; der zweite deutet an, daß man die Benediktusregel in Molesmes nur „lau und nachlässig" befolgte. Tatsächlich ist bekannt, daß diese Kommunität gespalten war. Das ging so weit, daß der dortige Prior, Alberich, mißhandelt wurde. Wenn die Regel strenger befolgt werden sollte, dann vor allem, um solchen Gewalttätigkeiten ein Ende zu setzen.

Es ist anzunehmen, daß ab 1119 die Grundtexte niedergeschrieben worden sind, die in späteren Überarbeitungen weiterentwickelt wurden. Teile des *Kleinen Exordium* sind zwischen 1112 und 1117 verfaßt worden; das 17. Kapitel, das die Kunst behandelt, datiert wahrscheinlich aus dem Jahr 1120. Das *Kleine Exordium* und die *Charta* sind möglicherweise in Clairvaux abgefaßt worden, jedenfalls unter Bernhards Einfluß. Die Kapitel 1 bis 28 der ersten Sammlung der *Statuten der Generalkapitel* stammen ebenfalls aus dieser Zeit. Die Kapitel 10 und 20, die sich auf die Kunst beziehen, sind zwischen 1115 und 1119 verfaßt worden. All das war eine Vorbereitung für das grundlegende Werk über das Mönchtum, das Bernhard 1125 unter dem Titel *Apologie für Wilhelm von Saint-Thierry* veröffentlichte. Seither liegt das ganze Programm dessen, was zisterziensisches Leben sein soll und was es bereits geworden war, fest. Bernhard wird es zeit seines Lebens verteidigen und verbreiten, nicht ohne Erfolg, aber auch nicht ohne Widerstände. Aus den ehemaligen Mönchen von Molesmes in Cîteaux machte er „Zisterzienser", die eigentlich „Claraevallenser" bzw. „Bernhardiner" heißen müßten.

Die erste Reform, die Bernhard durchführte und der viele andere folgten, bestand im wesentlichen darin, sich von allem rein Weltlichen zu lösen.

Radikalität

Das Mönchtum begann mit der Suche nach Einsamkeit: Die Anachoreten zogen sich für Gott aus der Welt zurück, um im Gebet mit ihm vereint zu sein. Wie alle Ideale ließ sich auch dieses nie ganz verwirklichen. Im Laufe einer langen geschichtlichen Entwicklung von fast acht Jahrhunderten hatten sich die monastischen Institutionen in den ökonomischen und politischen Rahmen der Gesellschaft eingegliedert, in der sie leben mußten. Daraus resultierte im allgemeinen kein Verfall. Viele Mönche bemühten sich weiter, Gott zu suchen, ihm zu begegnen und sich zu heiligen. Aber die Kontakte mit der Umwelt nahmen zu. Das führte zu wirtschaftlichen Verflechtungen, die im Widerspruch zu den ursprünglichen Idealen standen.

Bernhard wollte das ganze Mönchtum zu seinen Idealen zurückführen, indem er bei der Gemeinschaft ansetzte, zu der er selbst gehörte. Ausgangspunkt seines Erneuerungswirkens war der Wunsch, unabhängig zu sein von der Gesellschaft, das Mönchtum zu lösen aus den sozialen und vor allem ökonomischen Einbindungen. Das erforderte den Verzicht auf gewisse Einnahmequellen, auf jeden materiellen Gewinn, der andere Ursprünge hatte als die Arbeit der Mönche. Diese frei gewählte Armut wurde gewahrt, obwohl es legitim gewesen wäre, den Besitz der Klöster zu vergrößern. Das verlangte auch den Verzicht auf Grundbesitz – sofern er nicht landwirtschaftlich genutzt wurde; denn die Landwirtschaft war damals der einzige Bereich, der eine einträgliche Arbeit ermöglichte. Man mußte sich also von den Gütern trennen, die man von Pilgern empfangen hatte, von den Schenkungen, die sie machten als Dank für Gebete, die für die Verstorbenen verrichtet wurden, von dem

Geld, das sie auf die „Altäre“ legten, usw. Man mußte zurückkehren zur Schlichtheit in der Ausgestaltung der Gebäude, der liturgischen Gewänder und Geräte und natürlich auch in der Kleidung, in der Ernährung und im ganzen Lebensstil. All diese „rückschrittlichen“, in gewisser Hinsicht „negativen“ Bemühungen hatten ein positives Ziel: die Innerlichkeit zu fördern, möglichst einfach beten zu können, ohne Ablenkung, ohne unnütze Gedanken oder Vorstellungen, die nicht zu Gott führen.

Bernhard setzte sich für eine möglichst einfache Form der Liturgie ein. Auch der Kirchenbau sollte möglichst schmucklos sein. Bewundernswerte Zeugnisse dafür sind die Gebäude von Fontenay und die Meisterwerke der „reinen Schrift“, Handschriften, deren Schönheit nicht auf überladenen Schmuckelementen oder vielen Farben beruht, sondern auf der Eleganz der Linienführung und der Harmonie zwischen Buchstaben und Initialen. „Die Buchstaben sollen einfarbig und nicht gemalt sein“ lautet eine Vorschrift im Artikel 82 der Statuten von Cîteaux. Bernhards Zeitgenossen empfanden die Strenge seiner Liturgie, wie der Chronist Wilhelm von Malmesbury bezeugt, als umwälzende Neuerung. Seinen Anliegen, die er in die Zisterzienser-Regel einbrachte, gab er in seiner *Apologie* (28) – wie der Titel sagt – eine ausführliche „Rechtfertigung“.

Die *Apologie* ist Wilhelm von Saint-Thierry gewidmet. Dieser hatte Bernhard gedrängt, Partei zu ergreifen in einem Konflikt, der ihn in Opposition zu einigen Klöstern traditioneller Art brachte, zu denen auch sein eigenes gehörte. Das Werk wurde zwischen 1123 und 1127 mehrere Male überarbeitet. Es zirkulierte sehr bald in monastischen Kreisen. Urteilt man nach der Zahl der Handschriften, die aus ihren Bibliotheken stammen, waren wohl am meisten die Benediktinerabteien bemüht, sich dieses Werk zu beschaffen. Seine Verbreitung erklärt sich aus seiner literarischen Qualität, aber auch aus seiner allgemein gültigen Botschaft.

In diesem Manifest im Dienste eines reinen Mönchtums hat

Bernhard im zweiten, längeren Teil eine scharfe, unterhaltsame Satire verfaßt, deren Sinn jeder verstand. Zunächst bemüht sich Bernhard, wie es ein Rechtsanwalt in einem wohlgesetzten Plädoyer tun würde, das Wohlwollen seiner Leser zu gewinnen. Poetisch und feinfühlig versichert er seinen Lesern seine Liebe und bringt dann den Wunsch zum Ausdruck, sich mit allen gut zu verstehen. Die Karikaturen, die das Interesse weckten, bezogen sich nicht auf bestimmte Personen, sie dienten lediglich dazu, für sein anspruchsvolles Erneuerungsvorhaben Verständnis zu wecken.

„Man hört während der Mahlzeiten nur Scherze, Gelächter und Worte im Raum, oberflächliches Gerede, an dem man sein Ohr weidet in dem Maße, wie man den Mund voll Nahrung stopft; bei all diesen Unterhaltungen vergessen wir ganz und gar, uns im Trinken und Essen zu mäßigen.
Unterdessen folgt bei Tisch ein Gang auf den anderen, und an Stelle der Fleischstücke, deren man sich noch enthält, werden schöne, verschiedenartige Fische gereicht. Wenn man nach dem ersten Gang zum zweiten übergeht, hat es den Anschein, als ob man überhaupt noch nichts gegessen hätte. Mit soviel Geschick und Sorgfalt bereiten die Köche alles zu, was aufgetischt wird, daß nach vier oder fünf Gängen, obwohl der Magen voll ist, der Appetit keineswegs nachgelassen hat. Der Gaumen wird verführt von neuen Arten des Würzens und vergißt nach und nach die Gerichte, die er schon gekostet hat. Er findet seine ganze Freude im Probieren von Gewürzen aus fremden Ländern. Der Magen wird wach, als ob er nüchtern wäre; er füllt sich weiter und merkt nichts davon; die Verschiedenheit der Speisen läßt ihn vergessen, daß er längst satt ist. Weil die ganz einfachen Dinge, so wie sie die Natur hervorbringt und mit dem Geschmack, den Gott ihnen gegeben hat, uns fade geworden sind, mischen wir sie mit vielen anderen fremden Substanzen, die zum Schlemmen reizen. So passiert es, daß wir das Maß des Nötigen weit überschreiten, bis die Freude am

Essen gänzlich abgestumpft ist. Wer könnte beispielsweise aufzählen, auf wie viele verschiedene Arten Eier in passender oder unpassender Weise anderen Speisen beigegeben werden, mit welchem Geschick man sie dabei zu schlagen und zu vermischen weiß; da kocht man sie in Wasser, dort läßt man sie hart werden oder schneidet sie in dünne Scheiben; man tischt sie auf als Spiegel- oder Rühreier, gefüllt, gesondert oder gemischt mit anderen Speisen! Tut man nicht all das, um vorzubeugen, daß der Appetit gestillt wird? Sodann bemüht man sich, die Speisen äußerlich zu garnieren, so daß dem Auge nicht weniger geschmeichelt wird als dem Gaumen; man möchte davon doch auf jeden Fall kosten, obwohl mehr als ein Rülpser signalisiert, daß der Magen voll ist. Aber während dem Auge durch die schöne Farbe der Speisen und dem Gaumen durch ihren deliziösen Geschmack geschmeichelt wird, ist der arme Magen, der von Farben nichts versteht und keine Geschmacksempfindungen kennt, gezwungen, all das aufzunehmen, und wird dadurch eher ermüdet als gestärkt.
Während einer Mahlzeit werden drei- oder viermal die halbvollen Gläser abgetragen, an denen man nur gerochen oder genippt hat. Auf diese Weise wählt man unter den angebotenen Weinen mit großer Gewandtheit und fachmännischem Urteil den stärksten. Und was soll man sagen von einem Brauch, der, wie zu hören ist, in mehreren Klöstern praktiziert wird, an großen Festtagen gewisse Mixgetränke aus Wein, Honig und Gewürzen zu servieren? Sollen auch sie dem Magen gut tun? Ich meinerseits glaube, daß es nur dem einem Ziel dient, mehr und mit größerem Genuß zu trinken.“ (*Apologia*, 18-21)

Bernhard nennt zu Beginn seiner *Apologie* unter den Vertretern anderer „Orden“ zweimal die „Cluniazenser“, sagt aber nicht, daß er mit seiner Schrift besonders auf sie zielt. In der Folge ist von ihnen nicht mehr die Rede, auch nicht in der harten Anklage gegen Formen einer kunstvollen Liturgie, die vom Wesentlichen ablenkt. Nach dem, was wir aus anderen Dokumenten wissen, entspricht Cluny auch nicht den Beschreibungen, die er gibt. Gewiß war die Kirche von Cluny recht groß, aber darin unterschied sie sich nicht von vielen Wallfahrts-Kirchen. Und bald darauf hat es andernorts auch große Zisterzienserkirchen gegeben. Bernhard wußte sehr wohl, daß die im Geiste Clunys entstandenen Kunstwerke und auch die Mahlzeiten dort keineswegs mit den von ihm gezeichneten Karikaturen übereinstimmten.

Vor nicht allzu langer Zeit noch hat man sich bemüht, zwischen dem Text der *Apologie* und den Verhältnissen in Cluny Verbindungen herzustellen. Gegenwärtig jedoch gehen verschiedene Historiker mit gutem Grund davon aus, daß Bernhard sich auf die ursprüngliche zisterziensische Tradition bezogen hat, und zwar nicht so sehr auf die Einzelheiten ihres täglichen Lebens, als vielmehr auf die generelle Ausrichtung ihrer Spiritualität. Er hatte das Geschick, dies nicht offen auszusprechen und nicht Stephan Harding in Frage zu stellen, der sein geistlicher Vater war, als er in Cîteaux eintrat, und der Abt dieses ehrwürdigen Klosters blieb. Die *Apologie* ist offenbar eine Kritik all dessen, was nicht dem reinen Mönchtum entsprach, wie es der heilige Bernhard verstand – ob es sich nun um das anfängliche Cîteaux oder um Cluny handelt. Sie ist eine Einladung, seine strenge Auffassung vom Mönchtum zu übernehmen.

Die von Bernhard verwendete Methode, sein eigenes Kloster statt eines anderen zu kritisieren, wurde auch von Petrus Venerabilis angewandt in einem seiner bekanntesten Briefe, dem 28., den er an den heiligen Bernhard richtete. Trotz seines ausdrücklich genannten Adressaten ist dieses Dokument kein persönlicher Brief in dem Sinn, wie wir es heute verstehen. Es ist vielmehr eine Streitschrift – nicht zum Angriff, sondern zur Verteidigung –, die für eine weite Verbreitung bestimmt war und sich vielleicht vor allem an die Cluniazenser richtete.

In der *Apologie* prangert Bernhard mehr die Skulpturen und architektonische Elemente an als die Buchmalereien. Aber die Zeichnungen, die er dabei vor Augen hat, sind die, die Stephan Harding in den liturgischen Büchern hat ausführen lassen: seltsame Gestalten, Bastardwesen, monsterhafte Lebewesen, ganz anders als diejenigen, die man in der Natur bewundern kann. Sie stehen für Bernhard im Gegensatz zur göttlichen Schöpfungsordnung. Er verurteilt nicht das Streben nach Schönheit, für die er selbst empfänglich ist; er weiß, daß es legitim und notwendig ist. Er lobt seinen Bruder Gérard wegen seiner Fähigkeiten als Architekt. Die hagiographische Legendenbildung hat uns einen Bernhard vorgestellt, der blind ist für die Welt. Das war er keineswegs: Er wußte, daß der Gebrauch der Sinne etwas Gutes ist, sofern nicht Mißbrauch damit getrieben wird. Bernhard beklagte nur, was der Kunst an zu Materiellem anhaftet und nicht förderlich ist für das geistliche Leben, was den Mönch daran hindert, seine Aufmerksamkeit auf Gott zu richten.

Darüber hinaus wandte er sich gegen alle Bauten, mit denen – im Namen der Prachtentfaltung für Gott – den Armen das entzogen werde, was man ihnen schulde. Er betrachtete es als schwerwiegende Ungerechtigkeit, daß man Gelder verschwendet für leblose Dinge, wenn es den Menschen am Notwendigsten fehlt. Er hat später einmal kirchlichen Würdenträgern die Frage gestellt: Meine Herren, wozu dient das Gold an den Zügeln Ihrer Pferde, und was soll es in den Kirchen, wenn die Glieder Christi Hunger leiden? Dieses Bemühen um soziale Gerechtigkeit und sein Sinn für die Armen kommen bereits in der *Apologie* (28) deutlich zum Tragen:

„Sagen wir es rundheraus: All der Prunk entspringt nur der Habgier, die reiner Götzendienst ist. Wir fassen daraus nicht den Vorsatz, geistlichen Nutzen zu ziehen, sondern wir wollen

Spenden bekommen. Denn es gibt eine Weise, Geld auszugeben, um mehr einzunehmen; man teilt es aus, um es zu vermehren. Denn die Betrachter dieser prunkvollen, bewundernswerten Eitelkeiten sind eher geneigt, ähnliche Dinge als Opfer anzubieten denn zu beten. So lockt man Reichtümer durch Reichtümer an und nimmt Geld mit dem Geld ein. Ich weiß nicht, aufgrund welcher Anziehungskraft die Menschen geneigt sind, stets dann zu geben, wenn es einen Vorteil verspricht. Wenn sich die Augen voller Bewunderung geöffnet haben, um die in Gold gefaßten Reliquien der Heiligen zu betrachten, öffnen sich auch die Geldbeutel, um das Gold herausfließen zu lassen. Man stellt die Statue eines Heiligen oder einer Heiligen auf, und je bunter sie ist, für um so heiliger hält man sie. Dann reiht man sich in die Menschenschlange ein, um sie zu küssen, und gleichzeitig wird man um eine Spende gebeten. Der ganze Respekt richtet sich mehr auf die Schönheit des Gegenstandes als auf die Heiligkeit des Dargestellten. Man hängt in der Kirche unter anderem Kronen auf, die eher großen Rädern gleichen. Sie sind mit Perlen geschmückt, von Lichtern umgeben und mit Edelsteinen besetzt, deren Glanz die Lichter noch übertrifft. An Stelle der Kandelaber sieht man eherne Bäume, die mit großer Kunstfertigkeit gearbeitet sind und nicht weniger durch die Juwelen als durch die Kerzen leuchten, mit denen sie bestückt sind. Was beabsichtigt man mit all dem? Etwa, die Bußfertigkeit der Herzen zu wecken? Geht es nicht vielmehr darum, die Bewunderung der Betrachter zu erheischen? Oh Eitelkeit der Eitelkeiten! Eine Eitelkeit, die eher verrückt als eitel zu nennen ist! Die Wände der Kirche funkeln vor Reichtum, und die Armen darben; die Steine in der Kirche sind bedeckt mit Gold, und die Kinder der Armen haben nichts zum Anziehen; man braucht die Güter der Armen für Verschönerungen, die den Blicken der Reichen gefallen. Die Kunstliebhaber finden in der Kirche, was ihre Neugier befriedigt; die Armen aber finden dort nichts, was ihre Not lindern könnte."

Was Bernhard in der Kunst befürwortet, wie das, was er zurückweist, ist in seiner Person grundgelegt. Seine Gedanken über die Kunst entspringen seinem Verständnis von gottgeweihtem Leben. Dieses besteht für ihn in Gebet, Strenge, Loslösung von der Welt und Armut. Seit seiner Bekehrung und seinem frühen reformerischen Wirken zeichnete sich das zisterziensische Leben durch Einfachheit und ihm eigene Formen der Schönheit aus. In dieser Hinsicht hat Bernhard das Werk der Gründer von Cîteaux weitergeführt, aber er ist auch der Gründer des zisterziensischen Lebens als solchem. Er hat dessen Ideal formuliert und verbreitet. Die beiden Jahre, die er in Cîteaux verbracht hat, markieren den Übergang von der durch Molesmes geprägten Periode in Cîteaux zur claraevallensischen Ära, die von Bernhards Persönlichkeit geprägt wurde. War ein solches Lebensideal zu erhaben, zu schön, zu radikal? Gegen Ende seines Lebens hat Bernhard, wie es scheint, sich selbst diese Frage gestellt.

Wachsender Einfluß

In der gleichen Richtung, die sich vom Beginn seiner Bekehrung abzeichnete, vollzog sich der gesamte weitere Werdegang Bernhards. Es geht hier nicht darum, alle Ereignisse in Erinnerung zu rufen, die ihn geprägt haben, und jeweils zu beschreiben, welche Haltung er einnahm. Für jeden Abschnitt in seiner Entwicklung werden lediglich die wichtigsten Ereignisse genannt, und in diesem Zusammenhang kommen die verschiedenen Probleme zur Sprache, an deren Lösung zu arbeiten er sich verpflichtet fühlte.

In seiner Biographie kann man nach den Anfängen in Clairvaux drei weitere Phasen unterscheiden, in denen sich sein Einfluß immer weiter ausdehnte: bis 1130 auf die religiöse und bürgerliche Welt Frankreichs, von 1130 bis 1138 weiter auf Rom und von 1139 bis 1148 auf die ganze Kirche. In der letzten Phase seines Lebens, bis zu seinem Tode im Jahr 1153, fand er noch die Zeit zu einer tiefen Betrachtung des Geheimnisses Gottes; daraus entstanden seine schönsten Texte. Sein Wirken, das zunächst vor allem auf das Mönchtum ausgerichtet war, erhielt zunehmend eine kirchliche und politische Dimension. Nie hat er freilich aufgehört, sich mit dogmatischen Fragen zu beschäftigen, und auch der Mystik hat er sich zugewandt. So geben uns seine Werke einen Einblick in seine Beziehungen zu den Mönchen, zur Gesellschaft, zur Kirche und zu Gott.

In der ersten Zeit seines Wirkens, von 1115 bis 1125, galt seine ganze Sorge den Mönchen, dann ging er hinaus in die Öffentlichkeit Frankreichs. Ein ständiger Begleiter war sein angegriffener Gesundheitszustand. Er spricht darüber in fast 40 Briefen, und dabei handelt es sich gewiß nicht um ein literarisches Motiv. In der Einleitung zu seinem *Lobpreis der jungfräulichen Gottesmutter* gibt er folgenden Hinweis: „Meine Frömmigkeit drängt mich, etwas zu schreiben, doch meine Beschäftigungen hindern mich daran. Obwohl mein schlechter Gesundheitszustand es mir nicht erlaubt, mit meinen Brüdern das Leben im Kloster zu teilen, will ich trotzdem die wenige Zeit der Muße gut ausfüllen, die ich mir nehmen kann, indem ich meine Nächte nutze ..." Auch Wilhelm von Saint-Thierry bestätigt, daß Bernhard eine Zeitlang außerhalb seiner Kommunität gelebt hat. Diese Periode, die Monate gedauert haben kann, ist in den Jahren zwischen 1118 und 1123 anzusiedeln. Aus den Worten Bernhards geht deutlich hervor, daß er überarbeitet ist: Er schläft nicht genug. Gelegentlich sagt er von sich, er sei „erschöpft von der Glut eines heftigen Fiebers" (*Ep.* 21,1). Es ist recht schwierig, aus diesen Symptomen eine Diagnose abzuleiten. In anderen Texten spielt er auf Schmerzen an, die auf Verdauungsstörungen schließen lassen. In diesem Zusammenhang hat man von einer chronischen Gastritis oder auch von einem Magengeschwür gesprochen. Eines ist sicher: Bernhard war ein Mensch, dem das Leid nicht fremd war.

Während er allein in der Nähe seiner Kommunität eine Zeit der Rekonvaleszenz verbrachte, besuchte ihn Wilhelm von Saint-Thierry, Abt des Klosters gleichen Namens in der Nähe von Reims, der bereits von seinem Ruf gehört hatte. Sie blieben miteinander in brieflichem Kontakt. Wilhelm, ein herausragender Theologe und zugleich ein hochbegabter Schriftsteller, war fasziniert von Bernhard und suchte seine Nähe. Mehrmals forderte er ihn auf, Partei zu ergreifen in Konflikten, in die er verwickelt war. Obwohl Bernhard Distanz wahrte, gab er doch manchmal seinen inständigen Bitten nach.

Er trat auch in Kontakt mit einem anderen Gelehrten der damaligen Zeit: Wilhelm von Champeaux, der die Abtei der Regularkanoniker von Sankt Viktor in Paris gegründet hatte und 1113 Bischof von Châlons geworden war. Auf ihn ist es zurückzuführen, daß sich Bernhard im Jahre 1115 zum Abt „weihen" ließ. Später werden wir hören, daß Bernhard Priester war. Man weiß nicht, wo und von wem er geweiht geworden ist. Er hat gelegentlich vom Priestertum anderer Geistlicher gesprochen, nie von seinem eigenen. Wilhelm von Champeaux starb im Jahre 1121, nachdem er Clairvaux unermüdlich unterstützt und in Schutz genommen hatte. Es gab also ein Netz freundschaftlicher Bande zwischen einigen großen Gelehrten jener Zeit.

Als Bernhard noch nicht lange Abt war, soll sich auch seine Schwester Hombeline bekehrt haben, die einzige aus der Familie, die noch nicht ins Kloster eingetreten war. Diese Begebenheit wurde von Wilhelm von Saint-Thierry zur Legende stilisiert. Als Hombeline an der Klosterpforte vorgesprochen habe, sollen Bernhard und ihr Bruder André sie mit verunglimpfenden Worten abgeschreckt haben, indem sie ihren Abscheu über ihre feinen Gewänder und ihr vornehmes Gefolge äußerten. Szenen dieser Art gehören seit der frühen Christenheit zu den volkstümlichen Legenden, um zu veranschaulichen, wie radikal sich die Mönche von ihrer Familie loslösen mußten. Ähnlich soll beispielsweise zur Zeit der Wüstenväter der Einsiedler Markus gehandelt haben. Gottfried von Auxerre hat in seinen *Fragmenta* von einem solchen Vorfall, dessen Wahrheitsgehalt durch nichts verbürgt ist, nicht berichtet. Sicher ist, daß Hombeline sich von ihrem Mann trennte und ins Kloster von Jully eintrat, dessen Statuten von Bernhard und drei anderen Zisterzienseräbten verfaßt worden waren. Dies ist ein erster Hinweis darauf, daß Bernhard auch für Ordensfrauen tätig wurde, was später immer wieder der Fall war.

Die erste Aufgabe, die der junge Abt zu bewältigen hatte, bestand darin, die wirtschaftliche Grundlage seines Klosters zu sichern. Die ersten zehn Jahre waren schwierig. Neubauten waren erforderlich. Außerdem mußte man zur Sicherung des Lebensunterhalts einen landwirtschaftlichen Betrieb beginnen; Ländereien waren zu erwerben und urbar zu machen. Es fehlte nicht an Schenkungen. Nach dem einzigen Historiker, der anhand der Urkunden die ökonomische Entwicklung von Clairvaux untersucht hat, Robert Fossier, waren die Landherren in der Umgebung nicht die einzigen, die Felder zur Bearbeitung und sogar einen Weinberg zur Verfügung stellten: Auch Bauern machten Schenkungen. Bald konnte man in Fraville – und dann auch andernorts – Hütten bauen, in denen Mitarbeiter aus dem Laienstand, die sogenannten „Konversen", wohnten. Es waren Leute unterschiedlicher sozialer Herkunft, die sich den Klostergemeinschaften angeschlossen hatten. Mit dem Erwerb der Ländereien war öfter auch der Erwerb der dazugehörenden Rechte verbundenen, ferner ein Teil des Zehnten, der den Adligen und Abteien daraus zustand. Cluny war bei diesen Schenkungen recht großzügig bedacht worden. Dieser Reichtum schürte natürlich gewisse Rivalitäten und Grenzstreitigkeiten; es kam sogar manchmal zu kleineren Prozessen.

Besonders in Zeiten, in denen Bernhard krank oder auf Reisen war, kam ihm zugute, daß zwei seiner Brüder ihn tatkräftig unterstützten. Gérard kümmerte sich um die Arbeit auf den Feldern, um die Verteilung der Aufgaben unter den Mönchen der Abtei und um die „Konversen". Guy verwaltete das Geld, an dem es nicht mangelte, und die anderen Güter. Sein ausgeprägter Hang zur Sparsamkeit führte gelegentlich zu Meinungsverschiedenheiten und Auseinandersetzungen zwischen den Brüdern. Unumstritten war jedoch der Grundsatz, daß die wirtschaftliche Grundlage des Klosters durch den Ertrag der Arbeit, nicht aber durch Spenden oder Gaben der Gläubigen sicherzustellen wäre.

Das Jahr 1125 brachte eine Hungersnot, die an den Vorräten

zehrte, aber zugleich war es das Jahr eines neuen Aufschwungs. Die großzügige Unterstützung der durch die Mißernte in Not geratenen Bauern brachte dem Kloster neue Sympathien ein. In den beiden darauffolgenden Jahren waren die Ernten besser, und die Lage stabilisierte sich wieder. Das war zu einem großen Teil einem Vetter von Bernhard, Gottfried de la Roche-Vanneau, zu verdanken. Er war ein so fähiger Mann, daß Bernhard ihn 1119 als ersten Abt nach Fontenay entsandte. Nach einigen Jahren aber er zog es vor, nach Clairvaux zurückzukehren. Bernhard ernannte ihn darauf zu seinem Prior, das heißt zu seiner rechten Hand. Bis Gottfried 1138 Bischof von Langres wurde, unterstand ihm die Verwaltung der Güter, und für das geistliche Leben der Kommunität war er eine wertvolle Kraft, da Bernhard immer mehr von vielen Aufgaben außerhalb der Klostergemeinschaft in Beschlag genommen wurde.

Die Beziehungen nach außen

Bernhard unternahm häufig Reisen in die nähere Umgebung. Jedesmal, wenn er zurückkehrte, brachte er junge Leute mit, Adlige oder Studenten, die er in seinen Bann gezogen hatte. Schon 1116 fand der sogenannte „große Fischzug von Châlons“ statt. Von 1119 an ist seine Anwesenheit in Langres, Dijon, Auxerre, Foigny, Châlons, Reims, Château-Landon und in anderen Orten bezeugt. Die Kommunität wurde größer. Man hat behauptet, in dieser Zeit habe sich die Zahl der Mönche auf 200 und die der „Konversen“ auf 300 vergrößert, was sicher übertrieben ist, zumal schon Filialen gegründet wurden: Trois-Fontaines im Jahre 1118, Fontenay 1119, Foigny 1121, also nur drei, während Cîteaux im gleichen Zeitraum neun Tochterklöster gründete. Erst 1128 erfolgte die vierte Filialgründung von Clairvaux aus: Igny. Später kommen pro Jahr durchschnittlich zwei neue Klöster hinzu. Man zögert heute mit genauen Angaben über die Gesamtzahl dieser Gründungen; denn neben den etwa 70 eigentlichen Gründungen, deren Mönche alle aus Clairvaux kamen, gab es andere Fälle, in denen einige Mönche entsandt wurden, um eine kleine Kommunität – wie beispielsweise die von Hautecombe – neu zu beleben. Daneben kam es auch zur „Adoption" bereits bestehender Klöster, die dann Tochterklöster wurden, unter Umständen einschließlich der Häuser, die mit ihnen eine Kongregation bildeten.

So breitete sich immer mehr der Geist von Clairvaux aus, das heißt, der Stamm der mit Clairvaux verbundenen Häuser wuchs. Man hat ausgerechnet, daß es an Bernhards Lebensende mehr als 160 Klöster gewesen sein müßten, das wäre ungefähr die Hälfte der insgesamt etwa 350 Häuser des Zisterzienserordens. Sie erstreckten sich über das ganze christliche Europa, auch wenn sie in Lothringen und in den germanischen Teilen des Reiches weniger zahlreich waren. Jedesmal waren neue Verhandlungen mit Landesherren und Bischöfen erforderlich. Deshalb richtete Bernhard eine Kanzlei ein, die für ihn Briefe und Urkunden schrieb.

Schon früh wirkte Bernhard auch durch seine umfangreiche Korrespondenz. Man wird nie erfahren, wie viele Briefe er geschrieben hat. Vielleicht tausend oder mehr. Von den etwa 550 bislang bekannten Briefen sind ungefähr 350 einigermaßen genau zu datieren. Ungefähr 25 stammen aus der Zeit vor 1125, etwa 40 verteilen sich auf den Zeitraum bis 1130. Viele der undatierten Briefe scheinen älteren Datums zu sein. Darunter ist einer (*Ep.* 441) vom Herbst 1116 oder 1117. Sie gingen zunächst an Adressaten in Frankreich, aber auch nach England, dann in fast alle europäischen Länder von Schweden bis Portugal, von Irland bis Sizilien. 1124 und im folgenden Jahr schrieb Bernhard an den Erzbischof von Köln; 1126 an einen Kardinal der Römischen Kurie. Diese Korrespondenz zeugt von der Aufmerksamkeit, die man den Schriften des jungen Abtes von Clairvaux schenkte. Nicht zuletzt wollte man sich das außergewöhnliche schriftstellerische Talent dieses Mannes in schwierigen Momenten zunutze machen.

Zu Bernhards bekanntesten Briefen gehört das Schreiben über die Gottesliebe, das er im Jahr 1120 an die Kartäuser richtete, und vor allem ein vermeintlicher Brief an seinen Vetter Robert, bei dem es sich in Wahrheit um ein zur Veröffentlichung bestimmtes Manifest handelt. Es befaßt sich mit Roberts Geschichte, der im Jahr 1119 als junger Mönch von Clairvaux nach Cluny übergewechselt war. Wahrscheinlich wurde es erst viele Jahre später verfaßt, wobei der Weggang von Robert nur als Vorwand gedient haben mag. Um das Jahr 1120 entstand der Brief 2, eine Abhandlung von einem Dutzend Seiten über die Verpflichtung eines jungen Mannes, seiner Berufung als Ordensmann oder Kanoniker treu zu bleiben. Von Ende 1124 und Anfang 1125 stammen einige Briefe, in denen Bernhards tiefer Schmerz über den Weggang von Arnold, dem ersten Abt von Morimond, zum Ausdruck kommt. Morimond war von Cîteaux am gleichen Tag wie Clairvaux gegründet worden; sein Abt hatte sich entschlossen fortzugehen, um das monastische Leben im Heiligen Land weiterzuführen. Er hatte einige junge Ordensleute mit sich genommen, darunter einen gewissen Adam. Das gab Bernhard Gelegenheit, seine Auffassung über den Gehorsam (vor allem im Brief 7, einer Abhandlung von 20 Seiten), über die Beständigkeit und andere Punkte der monastischen Lehre darzulegen.

Seine längste Abhandlung in Briefform (*Ep.* 42) – sie umfaßt etwa 40 Seiten – ist bekannt geworden unter dem Titel: *De moribus et officio episcoporum* (*Über Sitten und Amt der Bischöfe*). Bernhard hat sie um 1127 auf Bitten des Erzbischofs von Sens, Henri Sanglier, verfaßt. Es ist das Porträt eines Bischofs, wie Bernhard ihn versteht, ein Zeugnis dafür, daß sich seine Reformgedanken nicht auf die Welt des Klosters beschränkten. Tatsächlich nahm er auch an regionalen Synoden, wie der von Langres im Jahre 1125, teil. Von all seinen Briefen bewahrte Bernhard eine Kopie. Bald wurden sie in Form von Sammlungen in Umlauf gebracht, zum Teil ohne chronologische Ordnung nach Themen gruppiert. Etwa 15 solcher Briefsammlungen sind erhalten, manche in fast 400 Handschriften. Auch in späterer Zeit wurden solche Sammlungen herausgegeben. Das zeugt vom Interesse, das man in ganz Europa diesen Briefen entgegenbrachte.

Das lag nicht an den darin enthaltenen Informationen über Personen oder Ereignisse; in dieser Hinsicht wird der Historiker enttäuscht. Bernhard ging es mehr um Ideen als um Ereignisse. Er wollte mit den Briefen seine Überzeugungen vermitteln. Daher die Schwierigkeit bei der Datierung vieler Briefe. Doch ihre literarische Qualität und ihre inhaltliche Aussage entschädigen uns bei weitem dafür, daß sie uns über die dahinter stehenden Ereignisse in Unkenntnis lassen. Sie sind adressiert an Personen aus allen Schichten der Gesellschaft: Päpste, Herrscher, Adlige verschiedenster Herkunft – Fürsten und Fürstinnen oder Personen niederen Landadels –, Kardinäle und andere Mitglieder der Römischen Kurie, die Patriarchen von Jerusalem und Antiochien, Erzbischöfe und Bischöfe. Fast 100 dieser Briefe richten sich an Äbte und Klosterobere. Aber es sind auch etwa 50 Briefe an einfache Ordensleute, an Angehörige des Klerus oder an unbekannte, gesellschaftlich unbedeutende Personen erhalten. Charakteristisch für diese Korrespondenz ist zum einen, wie häufig das Thema Freundschaft vorkommt, und zum zweiten, wie sehr Bernhards Interesse den Armen, Gedemütigten und Mittellosen galt. Gern schreibt er an die Reichen und Mächtigen, um sich für diese kleinen Leute einzusetzen. Oft predigt er Verständnis, Nachsicht und bittet um Hilfe für Notleidende, häufig mit einem Schuß Humor. Bernhard ist ein liebenswürdiger Briefschreiber.

Die Verbreitung des geschriebenen Wortes

Bernhards Ansprachen vor den Mönchen von Clairvaux und anderen wurden so sehr geschätzt, daß seine Zuhörer sie gelegentlich schriftlich aufzeichneten, soweit sie sich erinnerten.

Auf diese Weise entstanden teilweise gut ausgearbeitete, längere Texte, teilweise aber auch nur einfache Resümees. Einige dieser Texte sind uns erhalten geblieben, zum Teil als Einzeltexte, öfter noch in Sammlungen von mehreren Dutzend Predigten und Ansprachen. Sie bilden den Grundstock für die etwa 250 *Sentenzen* und für die rund 125 Ansprachen, die unter der Bezeichnung *De diversis* veröffentlicht wurden. Hinzu kommen acht kleine Bildgeschichten, die Bernhard einen Platz in der volkstümlichen Literatur sichern. Die Mönche waren im allgemeinen wohl nicht imstande, abstrakten, komplizierten Ausführungen zu folgen; sie brauchten anschauliche Vergleiche.

Seine Äußerungen steckten oft so voller Ideen, daß man ihn um eine schriftliche Ausarbeitung bat. Auf diese Weise entstand seine erste Abhandlung *De gradibus humilitatis et superbiae* (*Über die Stufen der Demut und des Stolzes*), wie der an seinen Prior gerichtete Anfang des Vorworts zeigt: „Du hast mich gebeten, Bruder Gottfried, in einer umfassenderen Abhandlung die Stufen der Demut zu erläutern, worüber ich zu den Brüdern gesprochen hatte . . .“ Als er sich während seiner Rekonvaleszenz außerhalb des Klosters gedrängt fühlte, etwas über die Gottesmutter zu schreiben, verfaßte er vier Homilien. Das erste Wort der Einleitung (*scribere*) zeugt davon, daß es sich um eine schriftliche Ausarbeitung handelt. Das wird auch für zahlreiche andere seiner Ansprachen gelten. Ebenso wie er einige Briefe nicht für einen bestimmten Adressaten geschrieben hat, wurden manche seiner Ansprachen, die wir in Buchausgaben finden, niemals vorgetragen. Er hat sie einem Sekretär, einem „Notar“, diktiert, dann sorgfältig überarbeitet und ein- oder mehrmals korrigiert. Das gleiche gilt für die genannten Homilien über Maria *Super missus est* (*Lobpreis der jungfräulichen Gottesmutter*). Von dieser Abhandlung über das Evangelium der Verkündigung existiert eine erste Ausgabe, die nur drei Ansprachen enthält, dann eine zweite korrigierte und erweiterte Fassung mit vier Ansprachen. Ähnlich wird auch die Abhandlung über die Fastenzeit entstanden sein, die in die Form eines Kommentars zu Psalm 90 gekleidet ist. Bernhard hat sie zunächst aus sechs, dann aus zehn und schließlich aus 17 Ansprachen zusammengestellt. Bei jeder Neuausgabe wurde der Text überarbeitet, geändert und in manchen Teilen vollständig neu verfaßt.

Die großen liturgischen Ansprachen hatten einen solchen Erfolg, daß sie in zahlreichen Reihen gesammelt und immer wieder abgeschrieben wurden, wobei sie im allgemeinen nach der Ordnung des liturgischen Kalenders gegliedert wurden. Es wurden auch Texte für besondere Anlässe aufgenommen, beispielsweise für die „Zeit der Ernte" oder für ein Generalkapitel. Das schriftliche Werk Bernhards zeugt von einem großen Reichtum an Lehraussagen: Alle Geheimnisse des Glaubens werden darin betrachtet. In dieser „Summe" dogmatischer Theologie nimmt die Christologie den wichtigsten Platz ein.

Einige Jahre vor 1128 ist die dichte und tiefgründige Abhandlung *De gratia et libero arbitrio* (*Über die Gnade und den freien Willen*) entstanden, auf die wir noch zurückkommen werden. Wie gelang es Bernhard, trotz seiner vielen Reisen und häufigen Krankheiten eine solche Fülle unterschiedlicher Schriften zu verfassen? Sie sind in ihrer Aussage sehr genau, entsprechen in ihrem Inhalt der kirchlichen Tradition und sind zugleich in einem sehr persönlichen, kunstvollen Stil gehalten. Das kann nur auf eine Persönlichkeit, ein Talent und eine Gnade ganz außergewöhnlicher Art zurückzuführen sein. Durch sein literarisches Schaffen verbreiteten sich Bernhards Ideen in der ganzen Christenheit und in den unterschiedlichsten Bereichen der Gesellschaft. Als man an die historisch-kritische Ausgabe seiner Werke ging, fand man 1.500 Handschriften (ohne die Exemplare des 19. und 20. Jahrhunderts). Der heilige Bernhard war der „Bestsellerautor" des 12. Jahrhunderts, vielleicht sogar des ganzen Mittelalters.

Auf dem Höhepunkt seines Wirkens (1130-1138)

Im Jahr 1130 war Bernhard 40 Jahre alt, seit 15 Jahren Abt; er hatte in vielen religiösen Fragen vermittelt und an mehreren Synoden in Frankreich teilgenommen. Er war ein bekannter Mann. Da erweiterten geschichtliche Umstände den Horizont seines Wirkens und führten ihn in das Zentrum der westlichen Christenheit: nach Rom. In der Nacht vom 13. auf den 14. Februar 1130, während Papst Honorius II. im Sterben lag, oder gleich nach seinem Tod, wählte eine Minderheit von Kardinälen, die der Wahl eines anderen Mitglieds ihres Kollegiums zuvorkommen wollten, einen neuen Papst, der den Namen Innozenz II. annahm. Am nächsten Tag gegen Mittag, als die übrigen Kardinäle vom Tod des Papstes und von der bereits erfolgten Wahl erfuhren, wählten diese einen anderen Papst, ein Mitglied der Familie der Pierleoni. Dieser gab sich den Namen Anaklet II. Wie es in Rom in ähnlichen Situationen mehrmals geschehen war, konnte man beiden Wahlen gewisse Unregelmäßigkeiten anlasten. Welche der beiden Gruppen von Kardinälen repräsentierte das, was die kirchenrechtliche Tradition als „sanior pars“ bezeichnete, die Partei, deren Urteil maßgeblich ist? Angesichts der unüberwindlichen juristischen Schwierigkeiten war das Kriterium, an das man sich zu halten hatte, in diesem Fall wie in den vorhergehenden, das „Verdienst des Lebens“. Nun waren die Anhänger von Innozenz bekannt als Verfechter einer rigorosen Erneuerung. Die Gefolgsleute von Anaklet, die zum römischen Adel gehörten, neigten dazu, sich gewisse Privilegien zunutze zu machen, die mit dem Amt des Papstes verbunden waren. Sie sorgten sich weniger um den geistlichen Fortschritt der Kirche als um politische Fragen.

Mehrere christliche Fürsten standen auf der Seite Anaklets, die Mönchsorden auf der Seite von Innozenz. Die Bevölkerung Roms war so sehr gegen Anaklet, daß er nach Frankreich fliehen mußte. König Ludwig VI., der auf seiner Seite stand, rief in Étampes die Bischöfe und Äbte seines Reiches zu einer Synode zusammen. Es hatte zuvor zwar Auseinandersetzungen mit Bernhard gegeben, aber das hinderte ihn nicht daran, an der Synode teilzunehmen. Man kann heute davon ausgehen, daß Bernhard gar nicht das Wort ergriff. Der entscheidende Einfluß ging von einigen Benediktinern aus: Petrus Venerabilis, Suger und dem cluniazensischen Kardinal-Legaten Matthäus von Albano. Die Synode sprach sich für Innozenz aus. Daraufhin setzte sich Bernhard mit Nachdruck für diese Entscheidung ein. Er machte sich voller Tatkraft daran, im Dienst dieser Sache zu schreiben und zu reisen, um die Zustimmung der ganzen Kirche zu gewinnen.

Wer ist dieser Mann, der sich so einsetzt? Der Obere eines Klosters, das erst kürzlich gegründet worden war und bei weitem nicht das Ansehen hatte, das von alters her Abteien wie Fleury, Saint-Denis oder Cluny entgegengebracht wurde. Er war noch verhältnismäßig jung und ohne Einfluß. Doch er besaß eine Autorität, die auf seiner starken Persönlichkeit beruhte, auf seinem unbändigen Wunsch nach großherziger Hingabe, die er immer unter Beweis stellte, über die er predigte und die ihm große Achtung einbrachte. Außerdem war er ein Schriftsteller; sein Talent war bekannt und geschätzt. Es versteht sich, daß Innozenz und dessen Gefolgsleute die Gabe seiner Überzeugungskraft nutzen wollten. Bernhard begleitete den Papst auf seinen Reisen in Frankreich. Er begab sich dreimal – in den Jahren 1133, 1135 und 1136/1137 – nach Rom sowie nach Nord- und Süditalien. Im Jahr 1135 reiste er nach Mainz und nach Bamberg.

Bernhard verlor bei all seinen Aktivitäten nie seinen Humor und seine Selbstironie. Im Jahr 1133 schilderte er sich in einem Brief an die Kartäuser (*Ep.* 12) als „kleinen Vogel, der noch keine Federn hat und fast ständig gedrängt wird, sein kleines Nest zu verlassen, der, den Winden und Stürmen ausgesetzt, die Orientierung verliert und sich wie ein Betrunkener bewegt, bis er das Bewußtsein verliert".

In der Haltung der Entschlossenheit und Demut wollte er mit seinem ganzen Eifer und mit der ganzen Kraft seines Geistes die Einheit der Kirche stärken. Aus dem Anfang des ersten Briefes aus dieser Zeit (*Ep.* 124) ist zu entnehmen, daß es ihm nicht um Personen, um Gruppen, um Politik, auch nicht um kirchenpolitische Fragen, sondern um den Herrn ging: Innozenz ist für ihn derjenige, der vom Herrn gesalbt worden ist. „Diejenigen, die von Gott sind, stehen auf seiner Seite, er ist der wahre Erwählte Gottes . . . In der Kirche Gottes lebt er und ist die Säule des Glaubens, der sichere Weg der Wahrheit." Für ihn spricht, schreibt Bernhard, „das Zeugnis seiner Lebensführung".

Die anschließenden Briefe ziehen die Konsequenzen aus dieser Überzeugung: Um Innozenz muß sich in der Kirche „die Einheit des Geistes" verwirklichen. Von nun an spricht Bernhard sehr häufig über Einheit und Zusammenhalt. Das Schisma gibt ihm die Gelegenheit, die Grundgedanken einer Lehre von der Kirche darzulegen. Er erläutert die Gründe seiner Parteinahme für Innozenz und prangert Anaklet als Anstifter der Spaltung an. Mehr aber als auf die am Konflikt beteiligten Personen lenkt er seine Aufmerksamkeit auf das Geheimnis selbst, das im Mittelpunkt der Auseinandersetzung steht: das Geheimnis Christi und seines Kreuzes: „Christus selbst wird in Frage gestellt." Die Einheit der Kirche um Christus ist die Bedingung für ihre Universalität, die ihrerseits voraussetzt, daß der Papst die „Fülle der Macht" besitzt (*Ep.* 131,2). Diese im römischen Recht, im Kirchenrecht und im Lehnswesen gebräuchliche Formulierung besagt, daß die Macht aus eigenem Recht ausgeübt wird, ohne von irgend jemandem abhängig zu sein. Damit proklamiert Bernhard die völlige Freiheit des Papstes gegenüber allen weltlichen Herrschern. Für diese Überzeugung erhebt er seine Stimme, die er selbst mit der eines Propheten vergleicht. Als der Frieden hergestellt ist, teilt Bernhard die Freude der Gläubigen und betont, daß er in seiner Armseligkeit nur ein Diener und Vermittler gewesen sei.

Mitten in dieser Phase intensiven Wirkens hat Bernhard noch die Zeit gefunden, (vom Advent 1135 an) *Ansprachen über das Hohelied* zu verfassen. Bevor er gegen Ende des Jahres 1136 zum dritten Mal nach Italien aufbrach, hatte er schon 24 Ansprachen diktiert. Nach seiner Rückkehr nach Clairvaux im Sommer 1138 machte er sich erneut an diese Arbeit. Er fuhr fort mit einer Überarbeitung der 24. Ansprache, deren Einleitung er vollständig neu schrieb:

„Zum dritten Mal, meine Brüder, hat der Himmel meine Rückkehr aus Rom gesehen, und endlich hat er mir mit freundlichem Antlitz von oben zugelächelt. Die Bosheit hat ein Ende, die Kirche hat den Frieden wieder. Überwunden ist der Böse, der fast acht Jahre lang die Kirche durch ein unheilvolles Schisma in Verwirrung gebracht hat. Nicht umsonst bin ich euch nach so vielen Gefahren zurückgegeben. Eurer Erwartung will ich entsprechen und euch auf dem Weg der Vollkommenheit behilflich sein. Daß ich lebe, ist euer Verdienst, und so will ich zu eurem Nutzen und Heil leben.
Gern gehe ich auf euren Wunsch ein, in der Auslegung des Hohenlieds der Liebe fortzufahren, die ich vor Zeiten begonnen hatte. Es scheint mir angebrachter, den unterbrochenen Vortrag wieder aufzunehmen, als irgend etwas Neues anzufangen. Doch habe ich mittlerweile den Faden verloren. Ich war so lange mit unterschiedlichen und unwürdigen Dingen beschäftigt, daß ich fürchte, der Würde des Stoffes nicht gerecht zu werden. Doch was ich habe, das gebe ich euch (vgl. Apg 3,6). Bleibe ich meinem Dienste treu, so kann Gott mir verleihen, daß ich euch auch das geben kann, was ich nicht habe. Andernfalls kreidet es meinem Verstand, nicht meinem Willen an!“

Kurze Zeit später starb sein Bruder Gérard, der ihn auf seiner dritten Reise nach Italien begleitet hatte. Bernhard verfaßte in seiner 26. Ansprache eine bewegende und literarisch kunstvolle *Totenklage über Gérard*.

Für ein neues Rittertum

Unter den Großen der Welt gibt es immer Auseinandersetzungen. Frankreich lag unter den beiden Königen der bernhardinischen Zeit – Ludwig VI. und Ludwig VII. – häufig im Streit mit den umliegenden Herzogtümern und Grafschaften: Champagne, Burgund, Anjou, Aquitanien und Flandern. Diese Streitigkeiten bedrohten immer wieder den Frieden. Sie brachen aus zwischen rivalisierenden Landesherren oder – anläßlich des Schismas – zwischen den Fürsten und Städten, die für den einen oder den anderen Papst Partei ergriffen. In dieser Situation ersuchte Bernhard diejenigen, die über Krieg und Frieden zu entscheiden hatten, sich Rechenschaft abzulegen über die Motive für einen Kampf und über die Art, wie er zu führen sei. Er setzte alles daran, die Gegner miteinander zu versöhnen. Dieser Einsatz fand seinen Niederschlag in dem Buch, dem er den Titel *Ad milites Templi. De laude novae militiae* (*An die Tempelritter: Lobrede auf das neue Rittertum*) gab. Es entstand wahrscheinlich zwischen 1132 und 1135, also zu der Zeit, als Bernhard sich intensiv bemühte, dem Schisma ein Ende zu setzen, und an seinen *Ansprachen über das Hohelied* arbeitete. Das neue Werk offenbart seine doppelte Funktion als Friedensstifter und Ordensmann: Im ersten Teil kritisiert er die Berufssoldaten, die Ritter, und zeigt ihnen dann ein alternatives Modell auf; der zweite Teil enthält die tiefgründigsten Betrachtungen über die Geheimnisse Christi, die er je geschrieben hat.

Die Tempelritter waren anfänglich (etwa seit 1118) eine spontan entstandene Gemeinschaft von Büßern, die man heutzutage als „geistliche Bewegung“ bezeichnen würde. Sie waren alle Adlige. König Balduin II. von Jerusalem hatte ihnen einen Flügel seines Palastes zur Verfügung gestellt. Ganz in der Nähe, im Tempel Salomons, versahen Regularkanoniker den Altardienst. Schon bald – zweifellos unter dem Einfluß dieser benachbarten Kommunität – nahm die Laienbruderschaft der Tempelritter eine klösterliche Lebensform an. Den drei Gelübden der Armut, der Ehelosigkeit und des Gehorsams fügten sie das feierliche Versprechen hinzu, gegen die Feinde Gottes zu kämpfen. Es ging ihnen vor allem darum, den Pilgern, welche die Heiligen Stätten besuchten, Schutz zu geben.

Im Jahr 1128, nach der Synode zu Troyes, die Bernhard geleitet hatte, bekamen sie Statuten, die sich an der Regel des heiligen Benedikt orientierten. Es fehlte ihnen aber ein geistliches Programm. Je mehr ihre Bereitschaft zum religiösen Leben wuchs, desto mehr wurden sie mit neuen Problemen konfrontiert, wie ein Brief des Hugo von Sankt Viktor belegt. Manche unter ihnen begannen an der Berechtigung ihres Soldatenseins zu zweifeln. Sie bedauerten, daß ihre militärischen Aufgaben ihnen nicht genug Zeit ließen, sich dem Gebet zu widmen.

In seinem Werk über das „neue Rittertum“ geht Bernhard auf diese Fragen ein. Er predigt nicht den Krieg. Aber er beginnt mit einer Rechtfertigung der militärischen Aufgaben, die den Tempelrittern aufgetragen waren. In dieser Zeit, in der die Kirche im Orient bedroht war, in der die Christen, die dort lebten oder sich dorthin begaben, immer wieder angegriffen und überfallen wurden, war zu ihrer Verteidigung eine Ordnungsmacht notwendig. Die Gefahr, Gewalt anwenden zu müssen, bestand also wirklich. Das Gewissen, meinte Bernhard, würde Ruhe finden, wenn man sie möglichst wenig ausübt und wenn ja, dann nur in einer Haltung der Liebe. Bernhard stellt den Rittern vor Augen, daß es auch hier um eine Begegnung mit Christus geht. Auch von ihnen ist gefordert, für Christus das Leben zu geben. Und der Tod ist in jedem Fall der

Moment, in dem jeder nach seiner Liebe beurteilt wird. Im zweiten Teil des Werkes skizziert Bernhard das Ideal eines fast mönchsartigen Lebens dieser Soldaten Gottes.

Im Kontrast dazu entwirft er eine bittere Satire der weltlichen Ritter, deren Gewaltanwendung keine Berechtigung habe und unkontrolliert sei; ihr Dienst sei sinnlos und leichtfertig:

„Was ist der Zweck dieser weltlichen Armee (ich nenne sie nicht Miliz, sondern ‚Malice', Bosheit), wenn der Tötende eine Todsünde begeht und der Getötete ins ewige Verderben stürzt? Um mit den Worten des Apostels zu sprechen: ‚Der Pflüger wie der Drescher sollen ihre Arbeit in der Erwartung tun, ihren Teil zu erhalten' (1 Kor 9,10). Welch verwunderliche Täuschung also, ihr Ritter, welch unerträgliche Raserei, Kriegsdienst zu leisten unter so vielen Opfern und Mühen! Und das bei keinem anderen Sold als dem Tod oder dem Verbrechen! Ihr bedeckt eure Pferde mit seidenen Decken und eure Panzer mit allen möglichen Überhängen und Tüchern; ihr bemalt die Speere, die Schilder und die Sättel; die Zügel und Sporen schmückt ihr ringsum mit Gold, Silber und Edelsteinen; mit so großer Pracht eilt ihr in beschämender Raserei und schamlosem Stumpfsinn in den Tod. Sind das militärische Abzeichen oder nicht vielmehr weibischer Putz? Meint ihr vielleicht, daß der Dolch des Feindes vor dem Gold zurückscheut, die Edelsteine schont und die Seide nicht zu durchbohren vermag? Ihr wißt so gut wie ich, weil ihr es selbst erfahren habt, daß es drei Grundvoraussetzungen gibt, um in die Schlacht zu ziehen: Der tapfere und fleißige Ritter sei umsichtig, um sich selbst zu schützen; er sei frei zur Bewegung und beherzt zum Treffen. Ihr aber tragt langes Haar wie eine Frau, das eurem Blick im Wege ist. Ihr behindert eure Schritte durch lange und weite Tuniken. Eure zarten und feinen Hände sind gleichsam vergraben in weiten, wallenden Ärmeln. Obendrein ist es aus leichtfertigen und oberflächlichen Gründen, warum man einen solch gefährlichen Kriegsdienst auf sich nimmt. Davor sollte das Gewissen eines Bewaffneten zurückschrecken!“

Es war die Aufgabe der Templer, auf den Wegen, die der Herr selbst gegangen war, die gefährdeten Pilger zu schützen. Bernhard verweilt im längsten Teil seiner Abhandlung dabei, ihnen die Schönheit und die Bedeutung der heiligen Stätten nahezubringen, die sie bewachen sollten. So entstand nicht nur ein wunderschöner Reiseführer durch das Heilige Land, sondern auch eine großartige Sammlung von Betrachtungen über die Geheimnisse des Glaubens:

„Sei gegrüßt, du heilige Stadt ... Sei gegrüßt, du Herrin der Völker ... Gutes Land, ... fruchtbarer Boden ... Wir wollen im einzelnen die Schätze beschreiben, an denen du reich bist ... Vor allem zur Erbauung heiliger Menschen hast du Bethlehem vor dir, das Haus des ‚Brotes‘ (vgl. Joh 6,51). Dort erschien zum ersten Mal das lebendige Brot, das vom Himmel herabstieg und aus der Jungfrau geboren wurde. Dort zeigt man den frommen Lasttieren die Krippe und in der Krippe das frische Heu, damit zumindest auf diese Weise der Ochse und der Esel die Krippe ihres Herrn erkennen ... Wer in den Worten Christi das Leben gefunden hat, sucht nicht mehr das Fleisch; er gehört zur Zahl der Seligen, die nicht sahen und doch glaubten. Denn nur der Kleine braucht einen Becher Milch, und nur das Lasttier braucht etwas Heu. Wer durch Worte nicht verletzt, der ist ein vollkommener Mann, der feste Nahrung zu sich nehmen kann. Er ißt das Brot zwar im Schweiße seines Angesichts, aber ohne zu murren. Sicher und ohne Ärgernis verkündet er die Weisheit Gottes, doch nur unter den Vollkommenen. Er bereitet geistige Speise den geistig Gesinnten, während er den Unmündigen und tierisch Gesinnten gegenüber wegen ihrer geringen Fassungskraft Vorsicht übt, wenn er ihnen Jesus, und diesen als den Gekreuzigten, vorstellt. Es ist jedoch ein- und dieselbe Speise von der himmli-

schen Weide, die sowohl von den Tieren wiedergekäut als auch vom Menschen genossen wird, die dem Mann Kräfte verleiht und dem Kleinkind als Nahrung dient ...
Man sieht Nazareth, was ‚Blume' heißt ... Wir ersteigen den Ölberg, gehen hinab in das Tal Joschaphat ... Wir brechen auf zum Kalvarienberg ... Das Gedächtnis des Todes Christi bewegt mehr zur Frömmigkeit als das seines Lebens ... Wie angenehm ist es für die Pilger, nach all den Mühsalen einer langen Reise, nach den vielen Gefahren zu Wasser und zu Land dort endlich auszuruhen, wo, wie sie wissen, auch ihr Herr geruht hat! ... Was soll ich über Betfage sagen ..., das ich fast vergessen hätte? ... Auch wenn ich große Eile habe, kann ich doch das Haus des Gehorsams, nämlich Bethanien, nicht stillschweigend übergehen, das Städtchen von Maria und Marta." (*Ad milites Templi, 11-31*)

Weitreichender Einfluß

In dem Maße, wie sich das Wirken Bernhards ausweitete, folgten ihm junge Menschen ins Kloster. Er konnte immer mehr Filialklöster gründen. Es ist oft schwer zu unterscheiden, ob man ihn um solche Gründungen gebeten hatte oder ob er selbst die Initiative ergriff, und aus welchen Motiven. Wollte er seine Mönche an den Orten ansiedeln, wo sie seinen Einfluß verstärken konnten? Man hat darüber noch keine genauen Untersuchungen angestellt, so daß man auf diese Fragen noch keine abschließende Antwort geben kann. Häufig ist die Quellenlage zu dürftig, um sichere Schlußfolgerungen ziehen zu können. In der Abtei von Reigny, die wir bereits erwähnt haben, widmet um 1134 ein Mönch und Schriftsteller, Galland, Bernhard seine Sammlung von Bildgeschichten, weil ihm, wie er sagt, dessen „große Erfahrung in dieser Kunst aufgefallen" sei: Er hatte einige seiner Werke gesehen. Darüber hinaus ist er dankbar für das, was Bernhard getan hat, um seine kleine Kommunität auf dem bereits erhabenen Baum von Clairvaux zu „veredeln“. Er fügt hinzu: „Was Eure normale und geläufige Sprache betrifft, so gestehe ich aufrichtig, daß ich selbst die Erfahrung gemacht habe: Eure Worte sind geschmeidiger als Öl, und es sind auch Pfeile darunter. Wenn das Herz des Zuhörers mit innerer Zärtlichkeit liebkost wird, erfaßt ihn ein Gefühl der Zuneigung Euch gegenüber und eine Sehnsucht nach dieser Liebe. Ich sage bewußt: Liebe zu Euch, nicht: Liebe zu Gott. Aber wenn sie in den Geist eindringt, diese Liebe zu Euch, bahnt sie den Weg zur Gottesliebe. Denn je mehr man Euch liebt, um so lieber schenkt man Euren Empfehlungen und Forderungen Gehör; und je lieber man Euch zuhört, um so schneller wird man gehorchen.“ – Wie viele Mönche, die nicht die Gabe hatten zu schreiben, werden Ähnliches empfunden haben!

Eine andere Art von Filialgründungen, Verzweigungen, „Veredelungen“ – wie Galland es nennt – zeichnete sich zu der Zeit ab: Klöster für Frauen. Nachdem sich Bernhards Schwester Hombeline von ihrem Mann getrennt hatte und dieser in Clairvaux eingetreten war, trat sie in Jully in eine Kommunität ein. Bereits vor 1132 bekam diese Klostergemeinschaft Statuten, die unter dem Einfluß der Äbte von Pontigny, Fontenay, Morimond und Clairvaux entstanden waren. Diese Statuten waren im klassischen Sinne zisterziensisch; so wurde, im Gegensatz zur Regel des heiligen Benedikt, die Aufnahme von Kindern abgelehnt. Man kann davon ausgehen, daß Bernhard seinen Teil zur Entstehung dieser Tochtergründung beigetragen hat. Jully wurde bald darauf das Mutterhaus weiterer Klöster von Nonnen, die später als „Zisterzienserinnen“ bezeichnet wurden. Hombeline wurde „dem Fleische nach Schwester des Seligen Vaters Bernhard, dem Geiste nach Mutter der Nonnen seines Ordens“ genannt.

Bernhard wußte, daß er wegen seiner großen Sensibilität eine gewisse Faszination auf Frauen hoher Abstammung ausübte. Er besaß genug Herzensfreiheit, sich mit einer Gräfin aus der Bretagne, Ermengard, auf einen „Wettstreit“ in der Liebe

– zu Gott natürlich – einzulassen. In zwei Briefen (*Ep.* 116;117), die er um 1133 an sie richtete, versuchte er sie mit einer höfischen Sprache zu gewinnen. Auf der Grundlage solcher tiefen, uneigennützigen Freundschaften äußerte er auch seine Bitten, wenn er meinte, daß die Liebe dies erfordere. In einem erst kürzlich entdeckten Brief aus der gleichen Zeit setzte er sich für eine arme Frau aus niederem Stand ein. Er empfahl sie der angesehenen und mächtigen Adligen Adelheid, Herzogin von Lothringen. Es handelte sich um eine „Sünderin". Er sagte nicht, welcher Art, aber man kann es vermuten. Nachdem sie sich durch Bernhard bekehrt hatte, wollte sie in einer Einsiedelei in der Nähe einer Kommunität leben. Bernhard lobt in seinem Brief zunächst die „Großzügigkeit" der Herzogin, ruft dann die „Gnade" in Erinnerung, wohl wissend, daß er damit bei ihr nicht die Wirkung verfehlt, und fordert schließlich entschieden:

„Man baue ihr auf Eure Kosten eine Unterkunft, wo sie das Leben führen kann, zu dem ich ihr geraten habe; von Euch werde ihr gewährt, was immer sie zum Leben und zum Kleiden braucht; baut ihr eine Zelle, möglichst in der Nähe eines Nonnenklosters."

Die Beziehungen, die Bernhard mit den Damen seiner Zeit unterhielt, und seine – sehr positive – Sicht des weiblichen Geschlechts sind in vielen seiner Schriften bezeugt.

Auch unter den Bischöfen machte Bernhard seinen Einfluß geltend. Er nahm kein Blatt vor den Mund gegenüber kirchlichen Würdenträgern. Und er war beteiligt an der Ernennung einiger Bischöfe. Ein anschauliches Beispiel dafür, wie er dabei vorging, ist die Besetzung des Bischofsstuhls von Langres durch seinen Vetter Gottfried de la Roche-Vanneau. Man hat lange Zeit die Unterstützung, die Bernhard ihm zuteil werden ließ, als Ausdruck der Rivalität zwischen Clairvaux und Cluny gewertet. Neueste Untersuchungen weisen in eine andere

Richtung. Sie verweisen darauf, daß zwei gegensätzliche Strömungen den Hintergrund dieser Angelegenheit bildeten: auf der einen Seite eine Gruppe, die eher zu Kompromissen mit der politischen Macht neigte – die des Königs von Frankreich –, auf der anderen eine eher reformfreudige, die sich für die vollständige Unabhängigkeit der Bischöfe aussprach. Unterstützt von König Ludwig VII. und einer Gruppe einflußreicher Kirchenmänner, von denen einige Cluniazenser waren, hatte eine Gruppe von Kanonikern, die mittlerweile von den Historikern alle als Angehörige des Hochadels identifiziert sind, einen Mönch von Cluny, Wilhelm von Sabran, gewählt. Sobald Bernhard nach seiner Rückkehr aus Rom im Jahre 1138 davon erfuhr, wandte er sich in einem langen Brief (*Ep.* 164) an den Papst gegen diese Wahl. Er erlangte die Absetzung Wilhelms, der für unwürdig befunden und der Simonie verdächtigt wurde. Der Neugewählte war kein anderer als Bernhard selbst. Als er sich weigerte, das Amt anzunehmen, wurde Gottfried de la Roche-Vanneau gewählt. Langres, die Bischofsstadt der Diözese, zu der Clairvaux gehörte, hatte nun einen Bischof, der aus diesem Kloster stammte. Die verfügbaren Quellen erlauben es nicht zu behaupten, daß er Bernhards Kandidat gewesen sei oder daß Bernhard seine Wahl gar durchgedrückt habe. In sieben Briefen (*Ep.* 165-170;501) hat Bernhard seine Anliegen verteidigt; dadurch, daß er seinen wichtigsten Mitarbeiter in der Abtei verloren habe, habe die Kirche von Langres „einen großartigen und fähigen Mann" gewonnen.

Gehorsam eines Oberen

In der Gesellschaft und Kirche Frankreichs – und darüber hinaus – stand Bernhard nun auf dem Höhepunkt seines Einflusses. In seinem eigenen Kloster dagegen war er manchmal umstritten. Gewiß, man brachte ihm Bewunderung entgegen; aber wie viele seiner Mönche, von denen etliche seine Brüder und Verwandten waren, hatte er kein einfaches Temperament. Trotz aller familiärer Verbundenheit gab es natürlich gelegentlich Verstimmungen, die auch rasch wieder vergessen waren. In einem Brief (*Ep.* 70) hat Bernhard selbst bezeugt, daß er eines Tages auf einen seiner Brüder, Barthélemy, äußerst zornig war. Die Überarbeitung und seine körperliche Erschöpfung dürften dabei auch eine Rolle gespielt haben.

„Als mein Bruder Barthélemy noch lebte, brachte er mich eines Tages in Rage. Bebend vor Wut, unter Drohgebärden und mit lauter Stimme befahl ich ihm, das Kloster zu verlassen. Er lächelte, begab sich in eine unserer Scheunen und blieb da. Als ich davon erfuhr, wollte ich ihn zurückrufen; er aber stellte seine Bedingungen: Er wollte nur zurückkommen, wenn er wieder seinen Platz bekäme, nicht den letzten Platz, nicht als Flüchtling, sondern als einer, der leichtfertig und ohne Urteil fortgeschickt worden sei. Er betonte, daß er für seine Rückkehr nicht die in der Regel vorgesehene Prozedur über sich ergehen lassen wolle, da man sie nicht beachtet habe, als er fortgejagt worden sei. Weil ich meinem eigenen Urteil über seine Antwort und über mein Handeln aufgrund der Blutsbande zwischen ihm und mir mißtraute, legte ich die Entscheidung in die Hände meiner Brüder. In meiner Abwesenheit urteilten sie, daß seine Rückkehr nicht dem Buchstaben der Regel unterliegen müsse; denn es war sicher, daß seine Entfernung nicht gemäß der Regel vollzogen worden war."

Bernhard konnte sich dem Urteil seiner Brüder beugen. Das wird sich in anderen Situationen wiederholt haben, die er nicht erwähnt hat.

Der Bereich, in dem am ehesten Mißverständnisse aufkommen konnten, war die Verwaltung der Finanzen des Klosters. Bernhard war oft abwesend, manchmal auch für längere Zeit. Wenn er da war, verlegte er sich aufs Schreiben und nicht aufs Verwalten. Dem Kloster wurden von den Bauern und Adligen neue Ländereien angeboten, die urbar zu machen waren. Kleine und mittlere Grundbesitzer hatten erkannt, daß Clairvaux der ganzen Region Nutzen brachte. Die Abtei wurde sogar reicher, als Bernhard es gewünscht und erlaubt hätte, wäre er öfter dort gewesen. Aber auch die Zahl der Mönche nahm ständig zu. Die Gebäude wurden zu klein. In der Kommunität meinte man, es wäre an der Zeit, sie an anderer Stelle, am Eingang des Tales, auf einem Grundstück, das dem Kloster gehörte, neu aufzubauen. Es war der Prior, Gottfried de la Roche-Vanneau, der von 1133 an diesen Plan hegte. Unter anderem unterstützten zwei Mönche, die Architekten gewesen waren, Gottfried von Aignay und Achard, sein Vorhaben, das auch unter den anderen Mönchen immer mehr Zustimmung fand. Als Bernhard auf der Durchreise im Juli 1135 im Kloster weilte, sprachen sie mit ihm darüber. Die wirtschaftliche Lage des Klosters hätte ein solches Unternehmen erlaubt, aber einer von Bernhards Brüdern, Guy, der immer darauf bedacht war, die Ausgaben einzuschränken, war gegen diese Idee; denn es wäre ja nicht damit getan, ein Gebäude zu errichten. Die Kosten der Kanalisation und anderer notwendiger Vorkehrungen seien beträchtlich. Bernhard mit seinem Sinn für Armut teilte diese Meinung.

Keine Instanz verpflichtet den Abt, die Zustimmung des Konvents einzuholen, nicht einmal die der persönlichen Berater. Alles hängt ab von der Tugend des einzelnen und aller gemeinsam. Arnold von Bonneval hat im zweiten Buch der *Vita Prima*, das vor 1156 geschrieben wurde, eine Schilderung des Vorgangs hinterlassen, deren Sprache erstaunlich deutlich ist. Er lobt zunächst ausführlich das gute Einverständnis, das unter den Mönchen herrschte: „Keine Streitigkeiten, Eintracht, wahre Einheit; im Hause Gottes waren alle gleichen Sinnes und lebten im Frieden miteinander.“ Unter den Mönchen herrschte „Einmütigkeit“.

Doch im Rahmen dieser Einheit im Ideal und in der Verbundenheit des Herzens war auch Raum für unterschiedliche Meinungen. Arnold läßt uns teilnehmen an den Gesprächen, die damals geführt wurden. Zwischen Bernhard und seinen wenigen persönlichen Beratern kam es zu langen und heftigen Diskussionen mit Einwänden und Entgegnungen. Schließlich änderte der Abt seine Meinung und schloß sich der Auffassung der Mönche an, die sich darüber freuten, als sie davon erfuhren. Bernhard war in keiner Weise gebunden, sich ihrem Urteil zu unterwerfen. Er hatte nicht die Initiative ergriffen, ihren Rat einzuholen. Sie waren es, die das Problem vorgetragen hatten, das er nicht sehen wollte, und sie hatten die Lösung vorgeschlagen, die er nicht wollte. Er unterwarf sich ihnen aus freien Stükken, er, der gleichsam zum Propheten der Kirche geworden war.

Hinsichtlich seines Zornausbruches gegenüber Barthélemy hatte Rancé von einem Skandal gesprochen, was Mabillon dazu bewegt hat, diesen Text für nicht authentisch zu erklären. Vom 12. Jahrhundert an hatte man ihn in Clairvaux aus den Handschriften getilgt. Doch die Demut, mit der Bernhard sich entschuldigte, öffentlich seine Schuld eingestand und sein Verhalten wiedergutmachte, fand – ebenso wie sein Gehorsam gegenüber seinen Mönchen im Jahre 1135 – Eingang in das Dossier, das für seine Heiligsprechung vorbereitet wurde.

Spätes Wirken
(1139-1148)

Viele der großen Taten, mit denen der Name des heiligen Bernhard verbunden ist, gehören zur Spätphase seines Lebens. Jede wurde eingehend untersucht. Da wir in diesem Buch darüber nur wenig sagen können, beschränken wir uns darauf, die Hauptereignisse in die persönliche Entwicklung Bernhards hineinzustellen, wobei wir vom neuesten Stand der Forschung ausgehen.

Die Gemeinschaft von Cluny

Zur Zeit des heiligen Bernhard prägte sich zum ersten Mal in der Kirchengeschichte das Ordensleben im Rahmen einer gemeinsamen Grundstruktur in vielfältigen Formen aus. Viele alte Klöster tendierten dazu, sich in Kongregationen zusammenzuschließen, deren rechtliche Bindung meist sehr locker war, aber sie hatten denselben Lebensstil, dieselbe „Lebensordnung", und bildeten in diesem weiteren Sinne Orden. Neue monastische Institutionen kamen auf, darunter der Zisterzienserorden. Es entstanden Kommunitäten, die sich auf die Regel des heiligen Augustinus bezogen. Sie bildeten die Gruppe der „Regularkanoniker", Prämonstratenser u.a. Auf all diese älteren und neueren Gemeinschaften hat Bernhard in zweifacher Hinsicht eingewirkt: Er gab wichtige Impulse für die Lehre und das Glaubensleben und trug zur Erneuerung dieser Institutionen bei.

Im Bezug auf das traditionelle Mönchtum – wozu man später die Benediktiner gezählt hat –, könnte man versucht sein, nur seine Beziehungen mit Cluny ins Blickfeld zu rücken. Doch Cluny war nur eine von vielen Abteien, die für ihre Umgebung Zentren des religiösen Lebens waren. Bernhard setzte sich für mehrere von ihnen ein, zum Beispiel für Saint-Denis. Bei Cluny muß man unterscheiden zwischen Bernhards Beziehungen mit der Institution und ihrem geistlichen Programm einerseits und dem damaligen Abt, Petrus Venerabilis, andererseits. Bernhard und er veröffentlichten Schriften, die manchmal in Briefform gekleidet waren, aber für die Öffentlichkeit bestimmte Manifeste waren. Wir sahen bereits, in welcher Form er seinen *Brief an Robert* und seine *Apologie* verfaßte. Erst viel später antwortete Petrus Venerabilis mit seinem Brief 28 (im Jahr 1130) und mit seinem Brief 111 (1144): zwei wichtige Dokumente der Darlegung und Verteidigung der cluniazensischen Spiritualität.

Zu einem Briefwechsel persönlicher Art zwischen den beiden Äbten kam es von 1137 an. Man hat sich gefragt, ob sie Freunde oder Gegner waren. Aber konnte nicht jeder von beiden bald die eine, bald die andere Haltung einnehmen? So rügte Petrus nach der Affäre der Bischofswahl von Langres Bernhard sehr heftig, weil er, ohne sich mit ihm zu beraten, den Verleumdungen gegen den Kandidaten aus Cluny Glauben geschenkt habe. Seinerseits brachte Bernhard manchmal leidenschaftlich und nicht ohne Übertreibung zum Ausdruck, was er für falsch hielt. Immer wieder ließen sich diese großen Männer, die so feinfühlig waren, zu Gefühlsausbrüchen hinreißen, wobei sie je nach Situation von Empörung zur Bekundung herzlicher Zuneigung übergingen. Berücksichtigt man die Rhetorik und die Rolle, die die Kanzleien bei der Abfassung der Texte spielten, so kann man feststellen, daß beide große Achtung voreinander hatten, daß sie einander nicht nur mit Barmherzigkeit, sondern auch mit Wohlwollen, ja mit aufrichtiger Zuneigung begegneten. Sie vertrauten einander. Im Jahre 1140 oder 1141 fungierte Petrus als Vermittler zwischen Bernhard und Abälard. Zwischen den beiden Äbten gab es offene Meinungsverschiedenheiten, wie die monastische Observanz zu verstehen sei bei Abgaben, welche die Zisterzienser den Cluniazensern schuldeten. Doch immer wenn die großen Belange der Kirche auf dem Spiel standen, sah man sie einig. Ihre Freundschaft wuchs in dem Maße, wie sie mit gleichen Schwierigkeiten konfrontiert wurden.

Gegen Ende 1142, nach seiner Rückkehr von einer Spanienreise, bat Petrus Venerabilis Bernhard, ihm ein neues Exemplar einer Abhandlung zu schicken, die dieser wenige Jahre zuvor verfaßt hatte. Petrus hatte sie in Cluny gelesen, konnte den Text aber nicht mehr auffinden. Es handelte sich um ein Werk, das in lateinischer Sprache den Titel *De praecepto et dispensatione* trug. Das letzte Wort ist nicht mit „Dispens" zu übersetzen, sondern mit „Amtsführung" oder „Verwaltung". Zwei Benediktiner von Saint-Père-en-Vallée in der Nähe von Chartres hatten mehrere Briefe an Bernhard gerichtet und ihm über verschiedene Punkte der Observanz Fragen vorgelegt – ein Beweis für das Vertrauen, dessen sich der Abt von Clairvaux im traditionellen Mönchtum erfreute. Im Grunde wollten sie wissen, welche Autorität eine „Vorschrift" besitzt – das ist für die Mönche die Regel des heiligen Benedikt – und wie diese zu befolgen sei. Sie fragten, in welchem Maße die Regel auch für ihre Äbte gelte und inwieweit sie davon entbinden könnten.

Bernhard ergriff die Gelegenheit und verfaßte ein langes, scharfsinniges Werk mit vielen Klarstellungen über die Motive und Gegenstände des Gehorsams. Zum ersten Mal in der Geschichte des Mönchtums wurde unmittelbar das Problem der Grenzen der Autorität angeschnitten. Bernhard aber betrieb in dieser Schrift, die Mabillon als ein Handbuch für Obere betrachtete, keine Kasuistik. Ihm lag daran, den Vorgesetzten wie den Untergebenen einzuschärfen, daß die Liebe an sich keine Grenzen kennt. Die Liebe fördert die Einsicht, daß die Regel dazu dient, den Weg zu weisen. Sie ist Mittlerin zwischen Gott und den Mönchen. In der Liebe verbinden sich die Erfüllung des göttlichen Willens, der sich in den Geboten offenbart, und das schöpferische Tun des Menschen. Aufgrund ihres Gelübdes, nach der Regel des Benedikt zu leben, tun der Abt und der Mönch, der ihm gehorcht, gemeinsam aus freien Stücken das gleiche. Sie arbeiten zusammen und erfüllen das „Gesetz Gottes", das nichts anderes ist als die Liebe. Beide – der eine, indem er befiehlt, der andere, indem er gehorcht – haben das gleiche Ziel: die Liebe zu Gott. Oberer und Untergebener finden in der Regel die gemeinsame Norm ihres Gehorsams. So leben sie in Einklang mit den von Gott durch Christus in der Kirche gegebenen Geboten. Auf diese Weise werden eine theologische Sicht der Heilsökonomie und eine rechtliche und praktische Konzeption des Lebens in einer Klosterkommunität miteinander vereint. Die Synthese Bernhards entspricht der gleichzeitig göttlichen und menschlichen Struktur der Kirche und dem Geheimnis, wonach sich das Leben Gottes den Menschen durch die Inkarnation mitteilt.

In den Kapiteln IV (10) und VI (12) schreibt er über Autorität und Gehorsam:

„Ich lese in der Regel des Benedikt (55,3), dies oder jenes liege in der Vorsorge, Entscheidung oder Verfügung des Abtes. Daß er aber nach eigenem Gutdünken etwas ändern dürfte, habe ich – soweit ich mich entsinne – nicht gelesen, im Gegenteil: ‚In allem sollen alle der Regel folgen wie einer Lehrmeisterin, und keiner darf leichtfertig von ihr abweichen' (Benedikt, *Regel*, 3,7), also auch nicht der Abt. Daher darf niemand seinem eigenen Willen folgen, und darin sehe ich keine Ausnahme für den Abt. Seht Ihr, wieviel der Verpflichtung unterliegt, dem freien Belieben aber entzogen ist? Bindet die Mönchsprofeß, in welcher der Jüngere sich freiwillig dem Älteren unterwirft, nicht gleichermaßen auch den Oberen? Die gemeinsame Hingabe verpflichtet beide in gleicher Weise, und beide werden durch die Gelübde einander zu Schuldnern: Schuldner getreuer Sorge der eine, Schuldner demütigen Gerhorsams der andere. Was ist also dem freien Belieben des Vorstehers überlassen, wo dieser selbst unter der Pflicht steht, die er auf sich genommen hat? Die Eigenmächtigkeit des Oberen wird nicht unwesentlich eingeschränkt durch den Umstand, daß der Mönch bei seiner Profeß wohl Gehorsam gelobt, aber keinen unumschränkten, sondern einen genau ‚nach der Regel‘ umgrenzten, und nach keiner anderen Regel als der ‚des heiligen Benedikt‘. Daher kann der Obere nicht willkürlich über den Untergebenen verfügen. Er soll vielmehr zur Kenntnis nehmen, daß die Regel Grenzen setzt. Das heißt, der Obere hat seine Befehle auf das zu beschränken, was eindeutig recht ist, auch nicht auf irgend etwas, was recht ist, sondern nur auf jenes Rechte, das Benedikt angeordnet hat, oder doch auf ein Rechtes, das seiner Anordnung gemäß ist . . .

Der Untergebene sollte wissen, daß ein Gehorsam, der sich hinter den Grenzen des Gelübdes verschanzt, unvollkommen ist. Der vollkommene Gehorsam klammert sich nicht an Gesetze und läßt sich nicht in Grenzen einzwängen. Er gibt sich mit der Enge des Gelübdes nicht zufrieden; hochgemut drängt er in die Weite der Liebe. Spontan ist er zu jedem Auftrag bereit. Er kennt kein Maß und weitet sich immer großmütig und tatkräftig zu unbegrenzter Freiheit. Das ist der Gehorsam, von dem der Apostel Petrus sagt: ‚Ihr habt euer Herz rein gemacht im Gehorsam der Liebe‘ (1 Petr 1,22). Treffend unterscheidet der Apostel ihn damit von jenem passiven und irgendwie knechtischen Gehorsam, der nicht auf Liebe, sondern nur auf Zwang anspricht. Vollkommen ist der Gehorsam des Gerechten, von dem Paulus sagt, für ihn sei das Gesetz nicht bestimmt (vgl. 1 Tim 1,9). Nicht, als ob der Vollkommene gesetzlos leben würde, aber er steht nicht unter dem Gesetz. Denn er gibt sich keinesfalls mit dem Wortlaut seiner Profeß zufrieden, sondern schreitet im Begehren seines Herzens darüber hinaus. Die Regel selbst verschweigt ja diesen Gehorsam nicht: ‚Wenn einem Bruder etwas Unmögliches aufgetragen wird‘, mahnt sie, ‚soll er im Vertrauen auf Gottes Hilfe aus Liebe gehorchen‘ (Benedikt, *Regel*, 68,5). In derselben Regel (7,34) wird die dritte

Stufe der Demut so beschrieben: ‚Der Mönch unterwirft sich in vollkommenem Gehorsam dem Oberen.‘ Mit dem Wort ‚vollkommen‘ will sie sagen, daß wir uns in unserem Gehorsam mit dem in der Profeß enthaltenen Maß nicht zufriedengeben, nicht nur das Pflichtmäßige des Versprechens ins Auge fassen und das Maß nicht nur von der Verpflichtung ableiten dürfen, sondern wagemutig sollen wir uns über das Gelübde erheben und in allem gehorchen. Gewiß gibt es auch für den Gehorsam eine Grenze: eine zeitliche Grenze, nämlich das Ende unserer Lebenszeit, so daß die Grenze des Gehorsams und das Lebensende zusammenfallen. Die beste Empfehlung dieser Gehorsamsgrenze ist das Beispiel Christi, der dem Vater gehorsam war bis zum Tod. Sooft also dieser vollkommene Gehorsam unterlassen wird, wird das Ungehorsam, Sünde, Übertretung, Verletzung der Pflicht genannt.“

Doch *De praecepto* gilt nicht nur für Mönche; es ist auch ein Wegweiser für alle Christen. Die Glaubwürdigkeit ihres inneren Lebens mißt sich am Gehorsam gegenüber dem Willen Gottes, aber nicht ohne daß sie selbst aktiv ihren Teil dazu beitragen. Auf ihrem Weg zur Heiligkeit hilft ihnen die Kirche zu verstehen, wie sie in Freiheit den Forderungen Gottes entsprechen können, ebenso wie ein Abt in den Grenzen seiner Autorität den Weg zu Gott aufzeigt, Rat erteilt, befiehlt und gegebenenfalls zurechtweist, so schreiten alle auf den Wegen der Liebe zu Gott voran.

In *De praecepto* greift Bernhard auch eine Frage auf, die sich damals neu stellte: die des *transitus*, des Übergangs von einem Orden zum anderen. Vor dem Prozeß der vielseitigen Ausprägung des Ordenslebens, den wir oben erwähnten, hielt man sich einfach an allgemeine Normen, die in der Regel des heiligen Benedikt über den Wechsel von einer Kommunität zu einer anderen enthalten waren. Die Orden waren nicht verschiedene Institutionen. Es genügte, daß die Oberen der beiden Klöster einverstanden waren. Das Aufkommen der neuen Orden – der

Zisterzienser, der Regularkanoniker u.a. – zog auch Mönche aus den alten Klöstern an. Diese wollten nicht einfach wegen irgendwelcher Personen woanders hingehen, sondern suchten eine andere Form des Ordenslebens. Nach welchen Kriterien ist ein solches Anliegen zu beurteilen? Wie kann man entscheiden, ob ein Orden „besser" ist als ein anderer? Muß er dazu einem „strengeren" (*arctior*) Weg folgen? Die Entscheidung erforderte sowohl ein Urteil über die Institutionen als auch eine Prüfung der persönlichen Motive. Die Kriterien, die Bernhard aufstellte, wurden nach und nach allgemein anerkannt. Später wurde auch das Kirchenrecht genauer gefaßt in der von ihm aufgezeigten Richtung: im Sinne der „Freiheit des Geistes", einer Freiheit, die im Heiligen Geist gelebt wird und die „Mittel" berücksichtigt, durch die er in seiner Kirche wirkt.

Was die Zusammenarbeit zwischen den Klöstern angeht, ist ein Brief Bernhards, der vor nicht langer Zeit entdeckt wurde, recht aufschlußreich: Er ist adressiert an Adon, den Benediktinerabt von Saint-Oyen im Jura, und müßte vor 1147 geschrieben worden sein. Nachdem Bernhard seinem Briefpartner die Zuneigung und Liebe, die er ihm schuldet, versichert hat, sagt er ihm zu, daß sich Clairvaux weiter, wie vereinbart, um die Besitzungen von Saint-Oyen, die in seiner Nähe liegen, kümmern werde. Er fügt hinzu, das Priorat von La Ferté-sur-Aube (das von Saint-Oyen abhängig war) habe nicht ausreichend Mönche, die reif genug seien, um im monastischen Leben durchzuhalten. Dann macht Bernhard Vorschläge für den Austausch von Mönchen.

Die Benediktiner der englischen Klöster waren nicht gut auf Bernhard zu sprechen, weil er durchgesetzt hatte, daß ein Zisterzienser, Henry Murdac, Bischof von York geworden war. Wie schon bei der Ernennung des Bischofs von Langres, hatte er mit etwa 15 Briefen eine öffentliche Kampagne zugunsten seines Kandidaten Henry Murdac gestartet. Damit trug er zur Absetzung (1147) des Benediktiners Wilhelm Fitzherbert bei, der im Jahre 1143 in York gewählt worden war. 1153, nach dem

Tod von Murdac, erhielt Wilhelm seinen Bischofssitz zurück; später wurde er sogar heiliggesprochen. Bernhard gibt in dieser Affäre, über deren Hintergründe wir nicht genau unterrichtet sind, ein Zeugnis seiner Leidenschaft und Parteilichkeit. Er hatte in solchen Fällen, bei der Wahl von Bischöfen wie bei seinen Gründungen, immer die Ausbreitung des Ideals von Clairvaux vor Augen.

Gegen Abälard

Der heilige Bernhard wollte sich nie in Kontroversen um die Lehre der Kirche einmischen. Er betrieb gewissermaßen Theologie, ohne es zu wissen. Er wollte nur seine Mönche unterweisen und andere, die einen Weg zu Gott suchten. Dennoch war er ein anerkannter Gelehrter, dessen Urteil auch in den Auseinandersetzungen der sogenannten Intellektuellen gefragt war. Oftmals lehnte er es ab, sich zu diesen Fragen zu äußern. Unbeantwortet ließ er Anfragen Wilhelms von Saint-Thierry, Gerhohs von Reichersberg und des Petrus Venerabilis, die ihn darum baten, Stellung zu beziehen gegen Wilhelm von Conches, gegen die Anhänger der Assumptus-Theorie und gegen die Muslime. Wenn er dem Drängen des Eberwin von Steinfeld hinsichtlich der Katharer nachgab, so deshalb, weil wegen dieser Häretiker der Glaube selbst und die Struktur der Kirche in ernster Gefahr waren; aber sonst vermied er es, bei solchen Meinungsverschiedenheiten sein Urteil abzugeben. Seit er Abt war, wurde Bernhard sicher durch Wilhelm von Champeaux und auch durch Wilhelm von Saint-Thierry über die Diskussionen in den Schulen von Reims, Paris und anderswo informiert, die durch die Ideen von Peter Abälard ausgelöst worden waren. Er wußte wahrscheinlich auch von dessen Verurteilung auf der Synode von Soissons im Jahre 1121. Doch nie hat er sich darüber geäußert. Der Brief 77 von 1127 oder 1128, mit dem er auf Fragen antwortete, die ihm Hugo von Sankt-Viktor gestellt hatte, richtet sich gegen Abälard, ohne ihn namentlich zu erwähnen:

„Wenn Sie den Eindruck haben, ich hätte ein wenig gezögert, Ihnen zu antworten, liegt das daran, daß Ihr Brief nicht so schnell überbracht worden ist, wie Sie meinen; denn statt ihn mir unverzüglich zuzustellen, hat man ihn ziemlich lange in Pontigny zurückgehalten. Doch nachdem ich ihn empfangen hatte, habe ich mich beeilt, darauf zu antworten. Vielleicht haben Sie gehofft, ich würde es ausführlicher tun. Seien Sie versichert, daß ich ausführlicher geantwortet hätte, wenn meine Verpflichtungen es mir erlaubt hätten. Ich habe mich jedoch bemüht, Ihnen meine Gedanken zu allen Fragen darzulegen, die Sie mir gestellt haben. Dabei überlasse ich Ihrer Klugheit die Aufgabe, die Antworten zu ergänzen, falls es notwendig sein sollte, denn Sie haben die Zeit dazu. Außerdem mangelt es Ihnen weder an hervorragenden Argumenten noch an Fähigkeiten, was Ihnen die Aufgabe leicht macht. Übrigens, im Gedanken an den Urheber der Fragen, um deren Beantwortung Sie mich bitten, ohne seinen Namen zu nennen: Er soll überzeugt sein, daß es mir bei der Darlegung meiner Gedanken keineswegs darum geht, die seinen zu bekämpfen, auch wenn ich eine andere Meinung als er vertreten sollte; denn wenn die Wahrheit auf meiner Seite ist, dann widerspreche nicht ich ihm, sondern die Wahrheit. Und wenn er einigermaßen offen ist, um auf die Wahrheit einzugehen, wird es für ihn wie für mich gut sein. Wenn er nicht darauf eingeht, würde ich ihn daran erinnern, daß ein Diener Gottes nicht streiten, sondern alles mit Geduld ertragen soll (vgl. 2 Tim 2,24). Ich mag keine Wortgefechte und meide die Neuerungen im Ausdruck, wie der Apostel rät (vgl. 1 Tim 6,4). Ich vertrete lediglich die Gedanken der Kirchenväter und verwende nur die Begriffe, die auch sie verwendet haben, denn wir haben nicht mehr Licht als sie. Mögen andere in ihrem eigenen Sinne darlegen, was sie wollen, doch ich möchte mich nur im Sinne der Heiligen Schrift äußern; denn der Apostel sagt: ‚Wir sind dazu nicht von uns aus fähig, als ob wir uns selbst etwas zuschreiben könnten; unsere Befähigung stammt vielmehr von Gott' (2 Kor 3,5)."

In den ersten Monaten des Jahres 1131 sind sich Bernhard und Abälard begegnet, als Papst Innozenz II. einen Altar in der Abteikirche von Morigny weihte. Wenig später stattete Bernhard dem Kloster „Paraklet", in dem Héloïse lebte, einen kurzen Besuch ab. Dort überraschte ihn, daß das Vaterunser nicht in der traditionellen Formulierung gebetet wurde. Er bekundete sein Befremden, worauf Abälard ihm zur Rechtfertigung der Neuerung einen zwar höflichen, aber ironisch gefärbten Brief schrieb. Bernhard antwortete nicht darauf, der Mißklang hatte jedoch keinerlei Folgen.

Erst 1140 entwickelte sich zwischen diesen beiden großen Geistern jene Auseinandersetzung, von der ein guter Kenner, J. Verger, gesagt hat: „Vom rein biographischen Standpunkt ist diese Phase im Leben des heiligen Bernhard eigentlich zweitrangig, und sie ist vielleicht auch nicht wesentlich in der Biographie Abälards, der kaum zwei Jahre danach gestorben ist." Die Ereignisse von damals sind nicht ganz aufzuhellen, nicht einmal ihr genauer zeitlicher Ablauf ist uns bekannt. Zwei herausragende Mediävisten, C.J. Mews und P. Zerbi, haben seit vielen Jahren zu diesem Themenbereich alle Quellen erforscht, aber es ist ihnen nicht gelungen, alles aufzuklären. Zerbi kann noch nicht endgültig sagen, ob das Hauptereignis – eine in Sens abgehaltene Versammlung – im Jahre 1140 oder 1141 stattgefunden hat. Die einzige chronologisch sichere Angabe, die wir den Quellen entnehmen können, ist, daß die Versammlung „in der Oktav von Pfingsten" stattfand. Auch das Todesjahr Abälards ist nicht sicher festzustellen. Geht man von 1141 aus, ist der Ablauf der Ereignisse, wie er von Zerbi rekonstruiert wurde, am wahrscheinlichsten. Während der Fastenzeit des Jahres 1140 wandte sich Wilhelm von Saint-Thierry brieflich an Bernhard, weil er beunruhigt war über das, was ihm neuerdings von der Lehre Abälards zu Ohren gekommen war und was er in zweien seiner Werke gelesen hatte. Eines ist eine Synthese, die Abälard als *Theologia Scholarium* bezeichnet, das andere ist eine Zusammenfassung seiner Lehre über die Sakramente, den Glauben und die Liebe, die als *Sentenzenbuch* zitiert wird. Bernhard bestätigte den Empfang und erklärte sich zu einer Unterredung mit Wilhelm bereit – nach der Fastenzeit, die dem Gebet vorbehalten war.

„Nach meinem Dafürhalten waren Sie zu Recht tief erschüttert, Sie konnten gar nicht anders. Um so mehr verstehe ich, daß Sie in Ihrer Entrüstung nicht untätig geblieben sind. Sie haben zur Feder gegriffen, um die Schmähungen der Ruchlosen zurückzuweisen und zu widerlegen. Ich hatte noch nicht die Zeit, Ihr Schreiben mit der Aufmerksamkeit zu lesen, um die Sie bitten. Doch schon beim schnellen Überfliegen habe ich den festen Eindruck gewonnen, daß es gut geeignet ist, um die niederträchtigen Lehren, die Sie angreifen, zu widerlegen. Wie Sie jedoch wissen, gebe ich in solchen Fragen nicht allzu viel auf mein eigenes Urteil. Wegen der Tragweite der Thematik halte ich es für gut, daß wir zu gegebener Zeit zusammenkommen, um gemeinsam über all diese Dinge zu diskutieren. Ich glaube nicht, daß dies vor Ostern geschehen kann, da wir uns jetzt ungestört dem Gebet widmen wollen, wie es dieser heiligen Zeit zukommt. Sie werden es in der Erwartung ertragen, daß ich geduldig das Schweigen über all diese Dinge wahre, zumal der größte Teil – um nicht zu sagen alles – mir noch ein wenig fremd ist. Gott aber ist mächtig genug, um meinem Geist die Weisheit und das Licht zu schenken, um das Sie ihn für mich in Ihren Gebeten bitten mögen." (*Ep*. 327)

Kurz nach Ostern bat er Wilhelm um eine umfassende Dokumentation und eine Widerlegung. Wilhelm ließ ihm daraufhin den von ihm verfaßten *Disput gegen Peter Abälard* zukommen.

Unverzüglich verfaßte Bernhard gegen Ende des Frühlings seine *Abhandlung gegen die Irrtümer Abälards*. Mit einem Begleitschreiben (*Ep.* 188) schickte er den Bischöfen und Kardinälen der Römischen Kurie diese *Abhandlung* (*Ep.* 190). Während des Sommers stellte er zusammen mit Wilhelm eine Liste von 19 Thesen (*capitula*) auf, die zu verurteilen seien, und fügte sie der *Abhandlung* bei.

Gegen Ende des Jahres 1140 oder Anfang 1141 schrieb er – einem Rat aus dem Evangelium folgend – an Abälard zwei „Ermahnungen“ (*monitiones*) und zeigte ihn beim Erzbischof Henri von Sens an. Bernhard predigte vor Theologiestudenten in Paris und bewegte mehrere von ihnen – darunter Gottfried von Auxerre – zum monastischen Leben. Postwendend forderte Abälard in den ersten Monaten des Jahres 1141 den heiligen Bernhard heraus (in einem sehr ironischen Brief) und rief seine „Gefährten“ (*socii*) zusammen, damit sie dem Streitgespräch beiwohnten, das er mit ihm in Sens führen wollte. Im Frühjahr 1141 legte Henri von Sens den Termin der Begegnung auf den letzten Tag der Oktav von Pfingsten fest, das heißt auf den 25. Mai.

Abälard verfaßte zu seiner Verteidigung eine *Apologie*. Im Mai entschloß sich Bernhard nach langem Zögern, die Herausforderung anzunehmen, und sandte seinen Brief 187 „an die Bischöfe, die nach Sens zusammengerufen werden sollen“:

„Es ist allgemein bekannt, und ich glaube, auch Sie sind darüber unterrichtet, daß ich in der Oktav von Pfingsten nach Sens geladen bin, um dort die Sache des Glaubens zu verteidigen, nach dem Wort: ‚Ein Knecht des Herrn soll nicht streiten, sondern zu allen freundlich sein, ein geschickter und geduldiger Lehrer‘ (2 Tim 2,24). Ginge es in dieser Angelegenheit um mich persönlich, würde ich mir über Ihre Gefühle mir gegenüber nicht allzuviele Gedanken machen und davon ausgehen, daß es wahrscheinlich an Wohlwollen Ihrerseits zu Ihrem Sohn nicht mangelt; doch es geht ebensogut um Sie, wenn nicht sogar mehr als um mich. Daher bitte ich Sie vertrauensvoll und eindringlich, mir bei dieser Gelegenheit einen Beweis Ihres Wohlwollens zu geben. Nicht mir, sondern Christus, dessen Braut Sie anfleht inmitten der Häresien, die unter Ihren Augen zahlreich werden wie die Bäume des Waldes oder die Ähren der Ernte und sie zu ersticken drohen. Wer immer sich als Freund des Bräutigams bezeichnet, sollte seiner Braut Beistand leisten. Die Prüfungen, denen sie ausgesetzt ist, bieten ihm eine wunderbare Gelegenheit, für sie einzustehen. Seien Sie nicht verwundert, daß ich mich so direkt an Sie wende und so kurzfristig einen Appell an Ihre Bereitschaft richte, sich in dieser Sache einzusetzen. Das ist der List und den hinterhältigen Intrigen meiner Gegner zuzuschreiben, deren Verhalten nur so zu erklären ist, daß sie gehofft haben, mich zu überrumpeln und mich zu zwingen, den Kampf aufzunehmen, ohne mir Zeit zu lassen, mich darauf vorzubereiten."

Am 25. Mai kam Bernhard in Sens an, er wohnte in der Kathedrale der feierlichen „Aussetzung" der Reliquien bei, zu deren Anlaß diese Versammlung einberufen worden war, und predigte zum Volk. Anschließend wurde „die öffentliche Audienz" der Bischöfe abgehalten, in der die Irrtümer des Abälard verurteilt wurden.

Was im einzelnen bei dieser Versammlung geschehen ist, darüber gibt es nur eine Darstellung in dem üblen Pamphlet jenes „Gefährten" Abälards, Berengar, der bald darauf den übertriebenen Charakter seiner Schrift erkannte und sie widerrief. Diesem Text zufolge soll Bernhard am Vorabend der öffentlichen Sitzung die Verurteilung Abälards von den Bischöfen, die betrunken gewesen sein und eine Orgie gefeiert haben sollen, zugesichert worden sein. Auch der Bericht der Bischöfe Frankreichs an Innozenz II. erwähnt dieses Urteil, das bereits vor dem von Abälard gewünschten Streitgespräch festgestanden habe. Von einer Vorverurteilung spricht später auch Johannes von Salisbury, der allerdings nicht anwesend war.

Am Tag darauf, dem 26. Mai, fand das öffentliche Streitgespräch statt. Die Verurteilung der Lehren Abälards wurde ausgesprochen, das Urteil über seine Person überließ man dem Papst. Bald danach, während der letzten Maitage, verfaßten Bernhard und seine Kanzlei Briefe an den Papst und kirchliche Würdenträger in Rom (*Ep.* 189-193, 330, 330-338) und beauftragten Nikolaus von Clairvaux, sie nach Rom zu bringen. Im Brief 189 (3-4) schreibt Bernhard:

„Der neue Goliath schreitet, bewaffnet mit allen Geschützen, wie ein furchtbarer Riese voran; ihm voraus geht sein Knappe, Arnold von Brescia. Sie sind wie zwei Schuppen, die einander so abdecken, daß kein Lufthauch ihnen mehr etwas anhaben kann. Die Biene Frankreichs hat gleichsam mit einem Signal nach der Biene Italiens gerufen. Sie haben sich vereint gegen den Herrn, gegen Christus. Beide haben ihre Bogen gespannt, ihre Köcher mit Pfeilen gefüllt und sich in den Hinterhalt gelegt, um auf die einfachen Herzen zu zielen. Ihr ganzes Aussehen und Verhalten täuscht Milde vor, ihren Herzen aber sind aufrichtige Gefühle nicht vertraut. Diese Boten Satans, die wie Engel des Lichts erscheinen, führen viele Menschen in die Irre. Dieser Goliath schreitet also mit seinem Knappen zwischen zwei Heeren voran und verspottet die Schlachtreihen Israels. Er spart nicht mit Beleidigungen gegen die Heerscharen der Heiligen, und er tut das mit um so größerer Dreistigkeit, da er genau weiß, daß er nichts zu fürchten hat als einen David, der ihm entgegentritt. Um die Kirchenväter zu demütigen, rühmt er die Philosophen und zieht deren Ideen und seine eigenen Neuerungen ihrem Glauben und ihrer Lehre vor. Wenn dann alle vor ihm zittern und flüchten, bin ich es, der Kleinste von allen, den er zum Kampf herausfordert.
Auf sein Ersuchen hatte mir der Erzbischof von Sens geschrieben, um für mich einen Termin festzulegen, an dem dieser vor dem Bischof und seinen Mitbrüdern im Bischofsamt seine ruchlosen Lehren verteidigen und beweisen sollte, gegen die ich Wi-

derspruch zu erheben gewagt hatte. Ich lehnte zunächst das Streitgespräch ab, denn im Grunde bin ich nur ein Kind, und mein Gegner war von Jugend auf ein im Streitgespräch geübter Mann. Außerdem hielt ich es für nicht richtig, den Glauben an Gott, dessen Gewißheit auf der Wahrheit selbst gründet, mit der schwachen menschlichen Vernunft in Verbindung zu bringen. Nach meiner Ansicht hätten seine eigenen Schriften für eine Verurteilung ausgereicht. Zudem bin ich in dieser Angelegenheit nicht zuständig, sondern die Bischöfe, die über die Lehre zu wachen haben. Auf meine Antwort hin rief Abälard, der sich sogleich noch lautstarker zu Wort meldete, als er es ohnehin schon getan hatte, eine Schar von Anhängern zusammen und versammelte sie an seiner Seite. Unter seinen Anhängern verbreitete er über mich Dinge, deren Bericht ich Ihnen erspare. Überall kündigte er an, daß er bereit sei, mir auf der Synode von Sens Rede und Antwort zu stehen. Diese Kunde verbreitete sich bald überall, so daß sie mir zu Ohren kommen mußte. Ich tat zunächst, als würde ich es nicht hören, denn jenes Gerede unter dem Volk berührte mich kaum. Schließlich mußte ich sehr zu meinem Bedauern und mit Tränen in den Augen auf den Rat meiner Freunde hin doch nachgeben. Sie sahen, daß alle sich auf diese Zusammenkunft wie auf ein spektakuläres Ereignis vorbereiteten und fürchteten, daß mein Gegner stolz triumphieren würde, wenn ich dort nicht anwesend wäre, und der Irrtum sich weiter ausbreiten würde, wenn ihm niemand entgegenträte, um ihm zu widersprechen. Ich begab mich also zum festgelegten Termin an den besagten Ort und hatte nichts vorbereitet, weder zum Angriff noch zur Verteidigung; doch ich war tief durchdrungen von jenem Wort: ‚Macht euch keine Sorgen, wie und was ihr reden sollt; denn es wird euch in jener Stunde eingegeben, was ihr sagen sollt' (Mt 10,19). Ich vertraute auf den Vers des Psalmes: ‚Der Herr ist die Kraft meines Lebens: Vor wem sollte mir bangen?' (Ps 27,1) Neben den Bischöfen und Äbten nahmen an dieser Versammlung viele Ordensleute, Professoren und Theologen aus verschiedenen Städten teil. Selbst der König war gekommen. Vor diesem Auditorium erhob sich mein Gegner, um das Streitgespräch zu beginnen; aber kaum hatte man angefangen, auszugsweise gewisse Thesen aus seinen Werken vorzutragen, da verließ er, weil er davon nichts hören wollte, die Versammlung und appellierte an Rom wegen des Urteils der von ihm selbst ernannten Richter. Das war nach meiner Auffassung absolut im Widerspruch zum Recht. Trotzdem wurde die Untersuchung seiner Lehraussagen fortgesetzt, und sie wurden einstimmig als im Widerspruch zum Glauben und zur Wahrheit verurteilt. Dies möchte ich zu meiner Rechtfertigung sagen, sollte man mich irgendwann der Unklugheit oder Oberflächlichkeit in einer Angelegenheit von solcher Tragweite bezichtigen."

Wenige Tage nach der Synode von Sens verfaßte Abälard ein „Glaubensbekenntnis", die *Confessio fidei universis*. Dann brach er nach Rom auf. Am 9. oder 10. Juni machte er Station in Cluny, wo ihn Petrus Venerabilis empfing, der seine Absicht, den Papst um Hilfe zu ersuchen, guthieß, aber vor allem wünschte, Abälard wieder mit Bernhard versöhnt zu sehen. Vor dem 10. Juli hatte der Abt von Cîteaux, Rainard, eine Begegnung mit Abälard, und beide begaben sich nach Clairvaux, wo ein friedliches Gespräch zwischen den einstigen Gegnern stattfand. Kurz darauf korrigierte Abälard auf den Wunsch Bernhards hin einige Formulierungen seiner *Theologia*. Auf Drängen des Petrus Venerabilis entschloß er sich, auf seine Reise nach Rom zu verzichten und in die Kommunität von Cluny einzutreten. Petrus Venerabilis setzte sich in einem Schreiben (Brief 98) an Innozenz II. für ihn ein:

„Während des Aufenthalts von Peter Abälard in Cluny traf der Abt von Cîteaux ein. Alle drei bemühten wir uns gemeinsam um eine Aussöhnung mit dem Abt von Clairvaux, gegen dessen Urteil Abälard Berufung eingelegt hatte. Wir bemühten uns sehr, diese Versöhnung ins Werk zu setzen, und wir forderten Abälard auf, Bernhard zu besuchen in Begleitung des Abts von Cîteaux. Wir hatten unseren Ratschlägen hinzugefügt, daß er, wenn er etwas geschrieben oder geäußert habe, das die Katholiken schockieren konnte, auf die Mahnungen des Abts und anderer weiser, gläubiger Personen hören und solche Thesen aus seinen Reden fernhalten und aus seinen Büchern streichen solle. So geschah es. Er ging hin und teilte uns bei seiner Rückkehr mit, daß er den Abt von Clairvaux getroffen habe und daß sie auf Vermittlung des Abts von Cîteaux ihre alten Streitigkeiten beigelegt und Frieden geschlossen hätten. Unsere Ratschläge und die Inspiration des Himmels, die mächtiger ist als unsere Ratschläge, veranlaßten ihn ferner, die Agitation in Schule und Unterricht aufzugeben und die Abtei in Cluny zum ständigen Aufenthaltsort zu wählen."

Dieser Vermittlungsversuch kam zu spät. Bereits am 16. Juli hatte die Päpstliche Kanzlei ein Dekret abgesandt, in dem alle Forderungen Bernhards aufgegriffen, die Entscheidungen von Sens bestätigt und die Verurteilung auch auf die Person Abälards ausgeweitet wurde. Nachdem der Papst den Brief des Abts von Cluny empfangen hatte, hob er das Urteil der Exkommunikation wieder auf.

In Cluny widmete sich Abälard weiter der Schriftstellerei, bis er am darauffolgenden 21. April starb. Arnold von Brescia, der Rom hatte verlassen müssen, hatte in Paris Abälards Platz eingenommen.

Der Name Bernhards bleibt verbunden mit der Erinnerung an diese Streitgespräche, deren prominentester Wortführer er war. Worum es in diesem Streit ging, kann man beim gegenwärtigen Stand der Forschung noch nicht mit Sicherheit sagen. Es gibt verschiedene Hypothesen. Einige meinen, der Konflikt sei vor allem ekklesiologischer oder sogar politischer Natur gewesen, da es Verbindungen mehrerer Schüler Abälards, darunter einige Mitglieder der Römischen Kurie, zu früheren Gegnern Innozenz' II. (während der Zeit des Schismas) und zu Arnold von Brescia und seinen Anhängern gab. Hinzu kam, nach Meinung anderer, die Unvereinbarkeit zwischen den monastischen Zielvorstellungen Bernhards und Abälards, der ebenfalls Mönch war und auf seine Weise sogar ein Reformer. Andere suchen eine Erklärung auf soziologischer Ebene: Sie sehen in Abälard den Repräsentanten der städtischen Gesellschaft und in Bernhard den Vertreter der Landwirtschaft treibenden Abteien. Wieder andere meinen, es habe sich um einen Gegensatz zwischen der theologischen Tradition des Mönchtums und der aufkommenden „Scholastik" gehandelt, wie Abälard sie repräsentierte.

Ging es um eine Streitfrage bezüglich der Interpretation der Heiligen Schrift? Oder ging es tatsächlich um Glaubensfragen? Was lehrte Abälard eigentlich? Bis 1987 waren zwei seiner wichtigsten Schriften noch unveröffentlicht. Andere sind erst wenige Jahre zuvor veröffentlicht worden. Mehrere von ihnen waren später überarbeitet worden. Erst jetzt ist also ein fundiertes Studium der Lehre Abälards möglich. Seit langem hat A. Landgraf darauf hingewiesen, daß einige Gedanken Abälards sich nicht in seinen Schriften finden, sondern nur in den „Sentenzen", die von seinen Schülern überliefert sind. Das Auftreten Arnolds von Brescia, Domherr dieser Stadt, trug ein übriges zur Verwirrung bei. Er war ein ehemaliger Schüler Abälards und predigte gegen das Recht des Klerus, Güter zu besitzen, und in Rom gegen die weltliche Macht des Papstes.

Es steht außer Zweifel, daß Abälard mit seiner Ausdrucksweise viele befremdete: „Das ist ungewöhnlich, es unterscheidet sich von dem, was wir gelernt haben", sagt der heilige Bernhard (*Ep.* 182,2), der jedoch den Inhalt dieser Texte nur von der Zusammenfassung her kannte, die ihm Wilhelm von Saint-Thierry geliefert hatte. Abälard wollte mit Bernhard in ein Streitgespräch vor großem Publikum eintreten, in Anwesenheit von kirchlichen Würdenträgern, von bedeutenden weltlichen Persönlichkeiten – einschließlich des Königs von Frankreich –, von Gelehrten, Professoren und Studenten. Bernhard lehnte ab, wie er auch früher solche Diskussionen unter Spezialisten immer gemieden hatte. Aber einmal mehr drängte man ihn zur Stellungnahme: Man war auf sein Ansehen und seine Sprachgewalt angewiesen.

Spannungen, die längere Zeit in verschiedenen Kreisen mehr oder weniger verborgen geblieben waren, scheinen durch die Ideen Abälards offen hervorgetreten zu sein. Sie waren vielleicht berechtigt, aber für viele revolutionär. Als sich der Streit beruhigt hatte, rügte Gerhoh von Reichersberg Bernhard, er sei zu tolerant gewesen gegenüber dem, was Abälard über Maria gesagt habe. Abälard selbst ging auf die gegen ihn erhobenen Vorwürfe ein: Er änderte seine erst kurze Zeit vorher verfaßte *Theologia*, allerdings nur in weniger bedeutsamen Formulierungen, und nicht in wichtigen Punkten. Heutige Linguisten vertreten die Auffassung, der Gegensatz zwischen Bernhard und Abälard rühre daher, daß sie „die Kunst der Sprache“ auf zwei verschiedene Weisen gebrauchten. Ob man von Logik spricht oder nicht, von „Wissenschaft“ oder von „Weisheit“, die „feurige Sprache“, die Bernhard in dem Traktat in Briefform (*Ep.* 190) benutzte, sicherte seinem Anliegen einen weitreichenden und nachhaltigen Erfolg. Darin heißt es (25):

„Das Blut des Erlösers macht den Menschen gerecht. Aber dieser Mann des Verderbens versucht die Erlösung ihres Inhalts zu entleeren. Worauf will er all das reduzieren, was der Herr der Herrlichkeit getan hat, indem er sich erniedrigte, geringer wurde als die Engel, von einer Frau geboren wurde, in der Welt lebte, die Demütigungen ertrug, in schändlicher Weise litt und schließlich durch den Tod am Kreuz zu Gott zurückkehrte? Nur darauf, daß Christus uns durch sein Leben und seine Lehre ein lebendiges Beispiel gegeben habe, daß er uns durch sein Leiden und Sterben das Maß der Liebe geoffenbart habe. Christus hätte also die Gerechtigkeit gelehrt und sie nicht geschenkt, er hätte ein Zeugnis der Liebe gegeben, sei aber zu Gott zurückgekehrt, ohne sie verbreitet zu haben! Ist damit alles über das große Geheimnis der Liebe gesagt, die in seinem Fleisch offenbar wurde, die sich in seinem Geist bewahrheitete, die den Engeln kundgetan, den Nationen verkündet und in die Herrlichkeit aufgenommen wurde? Ein Lehrer, der seinesgleichen sucht, der die Geheimnisse Gottes ergründet, sie erhellt und leicht verständlich macht, will uns das weismachen und erklärt uns mit einer Unwahrheit das tiefste und verborgenste Mysterium: Jeder, gleich ob er unrein oder unbeschnitten ist, könne es verstehen. Als ob die Weisheit Gottes ohnmächtig wäre, dem vorzubeugen, was sie untersagt hat, sondern selbst den Hunden das Heilige und den Schweinen die kostbaren Perlen vorwerfen würde. So geht es nicht, denn wenn das Mysterium sich im Fleisch geoffenbart hat, so bewahrheitet es sich im Geist. Das Geistliche wird den Menschen des Geistes geschenkt. Der Mensch des Fleisches erkennt nicht, was vom Geist Gottes ist; und unser Glaube gründet nicht auf der Weisheit von Worten, sondern auf der Allmacht Gottes. Daher hat der Erlöser gesagt: ‚Ich preise dich, Vater, Herr des Himmels und der Erde, weil du all das den Weisen und Klugen verborgen, den Unmündigen aber offenbart hast‘ (Mt 11,25).“

In den nachfolgenden Jahrhunderten gewährleistete der berühmte Briefwechsel zwischen Abälard und Héloïse – dessen Echtheit heute bezweifelt wird – die Fortdauer der sogenannten „Abälardischen Richtung“. Die Lehrschriften des Meisters aber wurden wenig abgeschrieben, demnach auch wenig gelesen und benutzt. Ihr Einfluß auf die Entwicklung der Theologie war nicht besonders groß und ihre Lehraussage weniger originell, als manchmal behauptet wurde. Zumindest haben die von ihm vorgetragenen Gedanken, über die Erlösung beispielsweise, Bernhard den Anstoß gegeben für einige seiner schönsten Texte über die Geheimnisse Christi. Während die Handschriften von Abälard-Texten nicht sehr zahlreich sind, gibt es von denen des Briefes 190 fast 120 Exemplare, die über ganz Europa verteilt sind. Dieser Text ist in späterer Zeit immer wieder gedruckt, übersetzt, gelesen und meditiert worden. Hätte Abälard dem heiligen Bernhard nicht zu diesem „Bestseller“ verholfen, wäre er nicht bis in die Gegenwart hinein so bekannt geblieben. Man kann ihm dankbar dafür sein, daß er Bernhard dazu bewegt hat, einmal mehr Zeugnis von seiner Liebe zu Christus zu geben.

Gegen die Katharer

Bernhard sah sich veranlaßt, Stellung zu beziehen gegen eine der schwerwiegendsten Ursachen der Verwirrung in der Kirche und der Gesellschaft seines Jahrhunderts. Diese Unruhe gab es schon seit längerem, und sie dauerte lange Zeit fort. Es ging um die Sekte der „Katharer“. In ihrer Lehre waren Zielsetzungen moralischer, sozialer, ökonomischer und politischer Art verflochten. Sie fanden Anhänger im einfachen Volk wie auch im Rittertum. Gelegentlich kam es auch zu gewalttätigen Ausschreitungen. Bernhard war sicher über all dies informiert. Auf dem Konzil von Pisa im Jahr 1135 hatte er gehört, wie man darüber diskutierte. Um 1139 hatte Petrus Venerabilis eine Abhandlung gegen den Priester Petrus von Bruys veröffentlicht, der eine dieser Gruppen leitete. Im Jahre 1143 oder kurze Zeit später wandte sich Propst Eberwin, Oberer der Prämonstratenser von Steinfeld in der Eifel, an Bernhard wie an einen Propheten seiner Zeit. Er informierte ihn über das, was in seiner Region geschah, ersuchte ihn um seinen Rat und bat ihn, die von einigen Häretikern verbreiteten Irrtümer zurückzuweisen. Er beschrieb die Katharer als stark motiviert, man würde fast sagen fanatisch. Unter ihnen seien Ungebildete, aber auch Priester und Geistliche. Die Gewalt, mit der man sie bekämpfte, verbesserte die Situation nicht: Man mußte ihnen also auf andere Weise entgegentreten.

Bernhard verstand die Lage und entschloß sich schließlich zu handeln. Er tat dies sowohl auf theologischer wie auf kirchenpolitischer Ebene. Er verfaßte zwei lange *Ansprachen über das Hohelied*, in denen er den sektiererischen Charakter der Katharer bloßlegte und Punkt für Punkt die Irrtümer widerlegte, die man ihm mitgeteilt hatte. Darüber hinaus machte er sich auf den Weg in die Gebiete Frankreichs, vor allem Südfrankreichs, wo ähnliches passierte wie das, was ihm der Propst von Steinfeld beschrieben hatte. Ein gewisser Henri, ein schwarzgekleideter Mönch – also ein Benediktiner –, predigte in den Straßen von Toulouse und Umgebung. Er verschaffte sich Respekt durch sein Äußeres als Ordensmann und seine Strenge. Seine Lehre aber war vielen verdächtig. Im Mai 1145 faßte Bernhard den Entschluß, gemeinsam mit Gottfried von Lèves, dem Bischof von Chartres, und dem Legaten Alberich, Kardinal und Bischof von Ostia, nach Toulouse zu reisen. In einem Brief (*Ep.* 241) an den Grafen von Toulouse, Alfons, prangerte er das verheerende Wirken Henris an.

Diese Mission Bernhards dauerte fast zwei Monate, Mai und Juni 1145. Sie begann in Bordeaux und endete in Albi, wobei er durch Poitiers, Périgueux, Sarlat, Tulle, Cahors, Toulouse und andere kleinere Städte kam. Bernhard machte diese Reise, um sich zu informieren und seine Botschaft zu verbreiten, und er nahm dafür schwere Mühen in Kauf. Vom Anfang der Reise an war er krank, wie es Gottfried von Auxerre bezeugt, der ihn begleitete. Er predigte in den Städten, wie zum Beispiel in Toulouse, wo er überaus begeistert empfangen wurde: Man berichtet, daß er Mühe hatte, dem Andrang der Menschen zu entkommen, die von ihm Wunder erwarteten. Mancher Ritter dagegen erwies sich als erbitterter Gegner Bernhards. In Verfeil predigte er in der Kirche gegen den Adel, so daß es zu einem Tumult kam. Das einfache Volk hörte ihm gerne zu, wenn er den Machtmißbrauch und die Habgier seiner Unterdrücker verurteilte. Abschließend schrieb Bernhard den Einwohnern von Toulouse einen Brief (*Ep.* 242), in dem er ihre Haltung und das, was er gegen die Häresie erreicht hatte, positiv bewertete. Das Konzil von Reims im Jahre 1148 billigte sein Vorgehen und das des Legaten Alberich, der gleichzeitig in der Bretagne gepredigt hatte.

Die Themen der Predigten Bernhards kennen wir durch seine Abhandlung, die er in diesen Jahren in seine *Ansprachen über das Hohelied* (65-66) eingefügt hat. Darin legt er den Glauben der Kirche dar, als Entgegnung zu allen Punkten, die ihm Eberwin über die Katharer mitgeteilt hatte. Die Irrtümer waren in den verschiedenen Ausprägungen der Katharer zu seiner Zeit immer die gleichen. Ihre grundlegende Häresie bestand darin, daß sie die von Gott geschaffenen Kreaturen als schlecht bezeichneten. Bernhard widerlegte der Reihe nach ihre Auffassungen über die Sittenlosigkeit, ihre Verurteilung der Ehe, die Verweigerung der Kindertaufe und teilweise des Gehorsams gegenüber den Geboten der Kirche. Bernhard war überzeugt, daß, wie er es formulierte, diese Häretiker „nicht mit Waffengewalt, sondern mit Argumenten, die ihre Irrtümer widerlegen", zum Glauben zurückzuführen seien (*Cant.* 64,7):

„Sie enthalten sich bestimmter Nahrungsmittel, die Gott geschaffen hat, damit wir dankbar Gebrauch davon machen. Auch das beweist, daß sie Häretiker sind, nicht aufgrund ihrer Abstinenz, sondern wegen der häretischen Intention. Auch ich faste hin und wieder, aber als Sühnopfer für meine Sünden, nicht aus irgendeinem Aberglauben. Was bedeutet dieser Widerwille gegen alles, was aus dem Fleisch geboren ist? Eine so genaue Vorschrift, die namentlich diese oder jene Nahrung bezeichnet, erscheint mir reichlich suspekt. Wenn so etwas in Zusammenhang steht mit einem medizinischen Ratschlag, haben wir nichts einzuwenden gegen die Sorge für den Körper, solange sie nicht übertrieben wird, denn niemand haßt sein eigenes Fleisch. Folgt man dem Beispiel der Leute, welche die Abstinenz praktizieren, so begibt man sich damit in die Schule der geistlichen Ärzte, und deren Bemühen, das Fleisch zu zähmen und die Sinne zu mäßigen, können wir noch billigen. Aber wenn sie sich auf die unsinnige Lehre der Manichäer berufen und undankbar das ablehnen, was Gott geschaffen und uns gegeben hat, und schlimmmer noch, sich als Schiedsrichter aufspielen und diese Gaben Gottes für unrein erklären und sie verbieten, weil sie schlecht seien, kann ich ihre Abstinenz nicht gutheißen. Im Gegenteil, ich würde ihre Gotteslästerung verabscheuen, denn sie sind unrein in der Unterstellung, daß es Dinge gebe, die unrein seien. Alles ist rein für die Reinen, hat jemand gesagt, der es am besten zu beurteilen weiß. Es gibt unreine Dinge nur für diejenigen, die sie für unrein erklären. Nichts ist rein für diejenigen, die besudelt sind und den Glauben nicht haben; ihr Geist und ihr Gewissen sind unrein. Wehe euch, die ihr die von Gott geschaffenen Nahrungsmittel wieder ausspeit, indem ihr erklärt, sie seien unrein und eures Körpers unwürdig, denn die Kirche, die der Leib Christi ist, wird euch als besudelte und unreine Wesen von sich stoßen."

Bernhards Verhältnis zu den Juden

Sein ganzes Leben lang hat sich Bernhard mit der Frage – genauer gesagt mit dem Geheimnis – des Judentums beschäftigt. Eine späte Legende berichtet, er habe in seiner Jugend in Troyes Rabbiner um Rat gefragt, wo Raschi und seine Schüler die Schrift erklärten. Mit Nachdruck setzte Bernhard in seinen Schriften die Ideen um, die zum überlieferten Gedankengut der Kirche gehörten: Israel war und bleibt Gottes erwähltes Volk; doch da es sich geweigert hat, an Christus zu glauben, wurde das Privileg seiner Erwählung auf die Christen aller Nationen ausgedehnt. Im Unterschied zur Synagoge besitzt die Kirche, die sich auch aus Heiden rekrutiert hat, nicht nur den Buchstaben der Worte Gottes, sondern auch ihre geistliche Auslegung; sie hat nicht nur Gebote, die zu befolgen sind, sondern auch die Offenbarung der göttlichen Barmherzigkeit, die der ganzen Menschheit gilt (*Cant.* 14, 3-8). In dem neuen Israel, der Kirche, sind die Mönche wie „Juden ohne Fehl und Tadel", deren Vorläufer die Gerechten des Alten Testaments waren, die das Gesetz Gottes befolgten und die ganze Schrift kannten (*Cant.* 60,3-5). Über das Hohelied spricht Bernhard ähnlich, wie Raschi und seine Schule darüber gesprochen hatten, und doch ganz anders. Der Rabbiner bezog dieses Hochzeitslied auf die zwischen dem ewigen Gott und der Gemeinschaft Israels bestehende Liebe. Bernhard aber sah die vollständige Verwirklichung dieser Allegorie in der Vereinigung Christi mit der ganzen Kirche und mit jedem ihrer Glieder.

Er übersah nicht, was die Polemik gegen die Juden, vor ihm und zu seiner Zeit, ihnen zum Vorwurf machte, im besonderen, daß sie Wucher trieben (*Ep.* 363,7):

„Meine Brüder, ich fordere Euch auf, oder besser: es ist der Apostel Christi, der Euch gemeinsam mit mir auffordert, nicht jedem Geist zu trauen (vgl. 1 Joh 4,1). Ich habe mich sehr gefreut zu hören, wie sehr Ihr Euch verzehrt habt im Eifer für die Ehre Gottes; aber vergeßt nicht, daß er gemäßigt sein muß von der Inspiration der Weisheit. So dürft Ihr die Juden nicht verfolgen oder sie dem Tod ausliefern. Gemäß der Schrift dürft Ihr sie nicht aus Eurer Mitte verjagen. Lest nach in den heiligen Briefen, und das Buch der Psalmen wird Euch in Übereinstimmung mit der Kirche antworten, die ihre Worte den Propheten entleiht: ‚Töte sie nicht, damit mein Volk nicht vergißt' (Ps 59,12). Sind nicht die Juden für uns das Zeichen und die lebendige Erinnerung an die Passion unseres Herrn? Sind sie nicht aufgrund einer gerechten Strafe heute über die ganze Erde verstreut, um Zeugnis abzulegen für unsere Erlösung? Ja, warum wendet sich die Kirche mit den Worten des Psalmisten an Gott: ‚In deiner Kraft zerstreue sie, wirf sie nieder, Herr, unser Schild!' (Ps 59,12)? Das hat er getan: Er hat sie zerstreut und gleichzeitig gedemütigt; denn er hat sie in einer furchtbaren Knechtschaft den christlichen Fürsten unterworfen. Doch sie

werden sich eines Tages bekehren; es wird der Tag kommen, an dem der Herr seinen gnädigen Blick auf sie richtet; denn wenn alle Nationen in die Kirche eingetreten sind, ‚dann wird ganz Israel gerettet werden', wie der Apostel sagt (Röm 11,26). Aber während wir dies erwarten, sind all diejenigen, die in ihrer Verstocktheit beharren, für die Ewigkeit verloren.
Würde ich mich nicht zurückhalten, könnte ich sagen, daß man in den Ländern, wo es keine Juden gibt, bedauerlicherweise Christen vorfindet – soweit es Christen sind und nicht getaufte Juden –, die den Juden auf dem Gebiet der Wucherzinsen sogar noch etwas vormachen könnten. Und was würde am Ende der Welt aus den Prophezeiungen der Bekehrung und des Heils, die an sie ergangen sind, wenn man die Juden ausrotten würde? Wenn sie Götzendiener wären, müßte man sie eher ertragen als töten. Wenn sie uns angreifen, ist es an denen, die das Schwert der Macht in die Hand bekommen haben, ihre ungerechten Attacken abzuwehren; wenn das christliche Gesetz will, daß man der Arroganz und dem Stolz entgegentritt, so verpflichtet es auch, diejenigen zu schonen, die sich demütig und ergeben zeigen, im besonderen, wenn es sich um ein Volk handelt, das einst das Gesetz und die Verheißungen bekommen hat, dessen Väter die Patriarchen sind (vgl. Röm 9,5) und dem Christus, der Messias, dem Fleisch nach entstammt. Das hindert mich nicht daran, dem vom Heiligen Stuhl verbreiteten Erlaß zu folgen und zu fordern, daß sie keinen Wucher von denen verlangen, die sich mit dem Kreuz bezeichnen."

Bernhard spricht auch vom „Joch der Knechtschaft" (*Cons.* I,4), in dem sie sich befinden, und hält doch beharrlich daran fest, daß sie weiterhin eine von Gott gewollte Aufgabe haben. Diese Überzeugung bekräftigte und rechtfertigte Bernhard von 1148 ab, als er sich auf den zweiten Kreuzzug vorbereitete. Im Rheinland brach damals eine Judenverfolgung aus. Sie wurde geleitet von einem gewissen Raoul, den die zeitgenössischen Texte als „Einsiedler", „Diakon", „Mönch von Clairvaux" – das heißt Zisterzienser – französischer Abstammung bezeichnen. Aus eigener Initiative predigte er für diesen neuen Kreuzzug, wie Petrus der Einsiedler es für den ersten Kreuzzug getan hatte, und befürwortete die Verfolgung der Juden. Bernhard widersetzte sich ihm in seinen Briefen 363 und 365. Aber diese Texte schienen ihm nicht zu genügen: Er unternahm eine Reise durch das ganze Rheinland und bemühte sich, dieser antisemitischen Hetze ein Ende zu setzen. Um die Ordnung wiederherzustellen, setzte er sich für ein Eingreifen der Streitkräfte des Reiches in dieser Region ein. Diese militärische Lösung, die dem Schutz der Juden dienen sollte, konnte nicht verhindern, daß andere Schwierigkeiten aufkamen, da die Fürsten der verschiedenen Länder nicht in der Lage waren, ihre Strategie zu koordinieren.

Jedenfalls steht diese Stellungnahme Bernhards für die Juden im Einklang mit seiner Vorstellung von der Bedeutung des jüdischen Volkes in der Heilsgeschichte. Wie Johannes in seinem Evangelium (4,22) verkündete Bernhard, daß „das Heil von den Juden" kommt (*Super Missus est* I,4). Sie haben Anteil an der ewigen Bestimmung der Kirche: Sie bleiben Zeugen der prophezeiten Wahrheit, in der Christus angekündigt wurde; sie rufen die Passion in Erinnerung, die er erlitten hat. Die Kirche betet für sie in der Hoffnung, daß sie am Ende der Zeiten umkehren werden. „Daher darf man sie keinesfalls verfolgen." Diese eschatologische Sicht mildert das strenge Urteil, das man früher wegen ihrer Haltung gegenüber dem Herrn und ihres Verhaltens in der Gesellschaft über sie hatte. Ohne die Rolle eines „Judenfreunds" zu spielen, nahm Bernhard den Juden gegenüber eine gemäßigte Haltung ein, was zu seiner Zeit selten war.

Auch die jüdische Tradition hat ihm Gerechtigkeit widerfahren lassen. In der zweiten Hälfte des 12. Jahrhunderts widmete ein Bonner Chronist, Rabbi Ephraim, Sohn Jakobs, in seinem *Buch der Erinnerung* dem heiligen Bernhard bewegende Worte der Anerkennung. Im 16. Jahrhundert bezeugte Joseph ha-Cohen, der sich an letzterem inspirierte, in seinem Werk *Tal der Tränen*, daß die Dankbarkeit des jüdischen Volkes gegenüber dem Abt von Clairvaux lebendig geblieben war:

„Der Mönch Raoul war nach Deutschland gekommen, um von Stadt zu Stadt zu reisen und denen das Kreuz zu geben, die sich für den Zug nach Jerusalem zusammenschlossen. Er verbreitete Unwahrheiten über die Juden. Als die Juden das hörten, war es für sie ein großer Schmerz ... Sie flehten Gott an und sagten: ‚Ach! Herr, es sind noch nicht viele Jahre vergangen, da wir unser Blut vergossen haben als Wasser für die Heiligung deines großen, mächtigen und erhabenen Namens am Tag des Mordens. Du wirst uns nie von dir weisen, Herr? (vgl. Jes 30,25) Was wirst du tun für deinen herrlichen Namen? Wirst du uns neue Drangsale bescheren?‘ Da hörte der Herr ihr Wehklagen. Er gedachte seines Bundes, stellte sich auf ihre Seite und hatte Erbarmen mit ihnen nach dem Maß seiner grenzenlosen Barmherzigkeit. Er entsandte zu diesen Rüpeln den heiligen Bernhard von Clairvaux, der sie nach ihrer Gewohnheit aufrief und ihnen sagte: ‚Brechen wir auf und marschieren wir nach Zion, zum Grab unseres Erlösers, aber achtet darauf, mit den Juden weder im Guten noch im Bösen zu sprechen, denn wenn ihr sie anrührt, berührt ihr den Augapfel Jesu, da es von ihnen in den Psalmen heißt: ‚Töte sie nicht, damit mein Volk nicht vergißt‘ (Ps 59,12).‘
Und sie hörten auf seine Worte, denn er war unter ihnen geachtet. Sie ließen ab von ihrer Wut und hörten auf, den Juden Böses zu tun, als wäre das ihre Absicht gewesen. Und dieser Mann forderte von den Juden kein Lösegeld. Mit aufrichtigem Herzen sprach er über das Heil Israels. Deshalb sage ich: ‚Ich danke dir, ewiger Gott, denn wenn du erzürnt warst gegen mich, hat sich dein Zorn abgewandt; du hast mich getröstet, indem du von uns einen Rest auf der Erde gelassen und in jenen Tagen vielen das Leben gerettet hast. Denn wenn die Barmherzigkeit Gottes nicht diesen Priester gesandt hätte, wäre kein

einziger geblieben, der hätte fliehen können. Lob sei IHM, der befreit und rettet! Amen, Amen!'"

Der zweite Kreuzzug

Die Rolle Bernhards im zweiten Kreuzzug wirft mehr Fragen auf als jede andere seiner Initiativen. Vieles wird auch weiterhin ungeklärt bleiben und unterschiedliche Deutungen zulassen. Die Fakten, die sich auf den Kreuzzug selbst beziehen, sind mittlerweile den Historikern bekannt, aber die Rolle, die Bernhard dabei gespielt hat, liegt zum Teil noch im Dunkeln. Den wenigen Monaten, die der eigentliche Feldzug dauerte, gingen mehrere Jahre der Verhandlungen voraus, an denen der Abt von Clairvaux kaum Anteil genommen hatte. Ludwig VII. hatte das Gelöbnis abgelegt, sich als Pilger nach Jerusalem zu begeben. Es dauerte aber einige Zeit, bis sich dieser Plan des Königs von Frankreich in einen Kreuzzug verwandelte, der im Auftrag von Papst Eugen III. im Namen der ganzen Christenheit unternommen wurde.

Im von Franken beherrschten Syrien war die Stadt Edessa vom Imam Zungi eingenommen worden. Diese Niederlage, die im Westen bald bekannt wurde, war zwar nicht der Grund für einen Feldzug zur Rückeroberung, aber ein willkommener Vorwand. Gravierende Ereignisse erschütterten damals die Christenheit: Am 15. Februar 1145 starb Papst Lucius II., der bei Unruhen in Rom verwundet worden war. Sein Nachfolger, Eugen III., ein Zisterzienser, mußte Rom im Januar des folgenden Jahres verlassen. Im Mai und Juni war Bernhard im Languedoc. Raymond von Poitiers, Fürst von Antiochien, bat im Namen der Franken im Heiligen Land den byzantinischen Herrscher Manuel Komnenos um Beistand. Als dieser ihm versagt wurde, wandte er sich an den Westen. Am 1. Dezember richtete der Papst einen Aufruf an die Adligen Frankreichs und Italiens. Unabhängig davon rief Ludwig VII. an Weihnachten eine Hofversammlung in Bourges zusammen, an der Bernhard nicht teilnahm. Die Adligen bekundeten wenig Begeisterung für einen Kreuzzug. Aber am 1. März 1146 befahl Eugen III., Bernhard solle den Kreuzzug ausrufen, und Bernhard gehorchte. Am darauffolgenden Osterfest, dem 31. März, wurde in Vézelay der Feldzug ins Heilige Land feierlich angekündigt. Ein Chronist jener Zeit, Eudes de Deuil, versichert, daß Bernhard dabei anwesend war, aber das wird in jüngster Zeit wieder bezweifelt. Es ist durchaus möglich, daß er an der Seite des Königs und des königlichen Herolds, der das päpstliche Dokument verlas, gestanden hat, doch während sonst alles, was er sagte, aufgezeichnet wurde, ist kein Text einer Ansprache, die er dort gehalten haben soll, erhalten geblieben. In welcher Sprache hätte er sich auch vor Fürsten aus verschiedenen Ländern verständlich machen können! Ist die Rolle, die man ihm in dieser ganzen Angelegenheit zuweist, lediglich ein Produkt hagiographischer Phantasie, oder diente Bernhard dazu, das Ansehen einer umstrittenen Unternehmung aufzubessern? In jedem Fall veröffentlichte er wenig später einen Brief (*Ep.* 363), der wie eine Enzyklika aufgenommen wurde. Gerichtet war er an die Fürsten und Bischöfe vor allem in Deutschland, aber auch in Frankreich, England und anderen Ländern. Bernhard stellt darin den Kreuzzug dar als ein Mittel, Sühne zu leisten, und als einen Akt der Liebe. Aus dem, was in der Absicht des Papstes und des Königs vor allem eine französische Unternehmung war, machte er ein Werk, in das er die ganze Kirche einbezog, eine Gelegenheit für die Christen, Jerusalem zu erobern, die heilige Stadt, das Sinnbild für die ewige Stadt Gottes.

„Ich wende mich an Euch in der Sache Christi, in dem Euer ganzes Heil liegt. Ich sage dies, damit die Autorität Gottes und der Gedanke an Euer eigenes Glück die Unwürdigkeit dessen entschuldigen, der zu Euch spricht. Ich bin ganz klein, aber ich ersehne zutiefst Euer Wohl im Herzen Jesu Christi.

Dies ist eine günstige Zeit, eine Gelegenheit zum Heil. Die Erde bebt, sie ist erschüttert, denn es besteht die Gefahr, daß der Gott des Himmels seine Heimat verliert, die ihm eigen ist, da er mehr als dreißig Jahre unter den Menschen gelebt hat. Seine Wunder haben sie berühmt gemacht, und sein Blut hat sie geheiligt; dort sind die ersten Blumen der Auferstehung erblüht. Jetzt erheben aufgrund unserer Sünde die Feinde des Kreuzes ihr ruchloses Haupt, und ihr Schwert entvölkert dieses gesegnete Stück Erde, das Land der Verheißung. Und wenn niemand Widerstand leistet, dann stürzen sie sich auf die Stadt des lebendigen Gottes, um die Orte zu verwüsten, wo sich das Heil verwirklicht hat, um die heiligen Stätten zu besudeln, die das Blut des unbefleckten Lammes getränkt hat. Welch ein Schmerz! Sie wollen sich der heiligsten Wallfahrtsstätte des christlichen Glaubens bemächtigen, das Grab in Beschlag nehmen, wo der, der das Leben ist, zu unserem Heil die Erfahrung des Todes gemacht hat.
Was unternehmt Ihr, mutige Männer? Was tut Ihr, Diener des Kreuzes? Wollt Ihr den Hunden geben, was am heiligsten ist, den Schweinen die kostbaren Perlen? Seit das Schwert Eurer Väter diesen Ort vom Schmutz der Heiden gereinigt hat, sind viele Sünder hingepilgert, um ihre Sünden zu beichten, und sie fanden dort durch ihre Tränen Vergebung! Der Böse sieht das, bebt vor Mißgunst, knirscht mit den Zähnen und stampft mit den Füßen. Er stachelt diejenigen an, die seinen gehässigen Plänen dienen, damit keine Reste der Liebe bleiben; er wird sie zerstören, wenn es ihm je gelingen sollte, vom Allerheiligsten Besitz zu ergreifen. Dieser Verlust, den nichts ausgleichen kann, wird für alle Jahrhunderte ein Schmerz ohnegleichen sein, aber es wird auch für unsere arme Generation ein endloses Durcheinander, eine immerwährende Demütigung sein.
Woran denken wir, meine Brüder? Ist der Arm Gottes zu schwach, ist seine Hand ohnmächtig, um die zu retten, die zu verteidigen er aufruft, und um wiederzuerlangen, was sein eigenes Erbe ist? Könnte er nicht mehr als zwölf Legionen schik-

ken oder einfach nur ein Wort sprechen, um seine Heimat zu befreien? Ohne Zweifel kann er alles, was er will.
Aber ich sage Euch: Der Herr gibt Euch eine Chance, er blickt auf die Menschenkinder, um zu sehen, ob sich unter ihnen welche befinden, die ihn verstehen, ihn suchen und für ihn leiden. Gott hat Erbarmen mit seinem Volk; denen, welche die schlimmsten Verfehlungen begangen haben, zeigt er einen Weg zum Heil. Seht und bestaunt, welches Geschick er zu Eurem Heil aufbietet! Sünder, haltet Euch diese unermeßliche Güte vor Augen! Seid voll Vertrauen! Er will nicht Euren Tod, sondern Eure Bekehrung, Euer Leben: Er gibt Euch eine Chance – nicht gegen Euch, sondern für Euch. Er ist so gütig und bittet alle, ihm zu dienen, als ob sie voll Gerechtigkeit wären: Mörder und Betrüger, Meineidige und Ehebrecher, Menschen, die alle möglichen Verbrechen begangen haben. Hat er sich nicht etwas Wunderbares ausgedacht, was nur er finden konnte? (*Ep*. 361,1)“

Zahlreiche Ritter erklärten sich bereit zum Aufbruch. Im August schien Manuel Komnenos seine Zustimmung zu geben, aber diese Hoffnung erwies sich als trügerisch. Damals begannen auch im Rheinland Pogrome. So kam Bernhard die Idee, die Deutschen ebenfalls in den Kreuzzug einzubeziehen. Den Exemplaren seiner „Enzyklika“, die an sie gerichtet waren, fügte er eine Ermahnung an, die Söhne Israels nicht mehr zu verfolgen. König Konrad III. widersetzte sich zunächst der Idee dieses Kreuzzuges, für den Bernhard vom Sommer des Jahres 1146 bis zum folgenden Februar nach Flandern und in die germanischen Länder reiste. Am 27. Dezember in Speyer gelang es ihm schließlich, Konrad zu überzeugen. Als er am 6. Februar nach Clairvaux zurückkehrte, brachte er etwa 60 junge Männer mit, die sich für das Ordensleben entschieden hatten: Sie bildeten jenes „Friedenskorps“, das er parallel zur bewaffneten Truppe rekrutierte.

Vom 10. Februar 1147 an reiste er von neuem in Frankreich

umher. Am 16. und 17. dieses Monats nahm er in Étampes an einer Versammlung zur Vorbereitung des Kreuzzuges teil. Konrad und andere Fürsten hatten Botschafter entsandt. Bernhard ließ dort Suger, den Abt von Saint-Denis – der seine Zustimmung gab –, zu einem der Minister ernennen, die beauftragt waren, Frankreich während der Abwesenheit von Ludwig VII. zu regieren. Da an der Ostgrenze des Reiches noch nicht christianisierte Völker (Slawen oder Wenden genannt) eine ständige Bedrohung darstellten, wurde auf dem in Frankfurt am 13. März abgehaltenen Reichstag, dem Bernhard beiwohnte, beschlossen, diese Gefahr durch vorbeugende militärische Maßnahmen zu beseitigen. Papst Eugen III. gab seine Zustimmung, und Bernhard verkündete gleich darauf diesen Plan in einem Brief (*Ep.* 157), der in leidenschaftlichem Ton gehalten ist. War er dafür verantwortlich, daß die Deutschen in den Kreuzzug hineingezogen wurden? Gewisse Formulierungen seines Textes haben zu unterschiedlichen Deutungen Anlaß gegeben. Offenbar ging es ihm nicht um die Bekehrung der Slawen, sondern um eine strategische Maßnahme zum Schutz der Länder jener Fürsten, die in den Orient aufbrechen sollten. Darauf könne nur verzichtet werden, wenn die Slawen den Glauben annähmen und ihre bewaffneten Einfälle unterließen.

Am 27. März weilte Bernhard in Trier. Im Mai brachen Konrad und sein Heer von Bamberg aus auf. Am 12. Juni setzte sich Ludwig VII., der die Insignien eines Pilgers trug, in Marsch. Am 30. November war Bernhard erneut in Trier. Während der letzten Wochen dieses Jahres 1147 und zu Beginn des darauffolgenden Jahres brachen viele Ritter aus den Ländern auf, in denen Bernhards Aufruf Gehör gefunden hatte. Vom 19. März an aber begannen im Heiligen Land die Rückschläge. Die endgültige Niederlage wurde im Juli in Damaskus besiegelt. Sollte man diese Festung belagern, in der man die erschöpfte muslimische Garnison wähnte, oder den Rückzug antreten, diesmal in Richtung Jerusalem? Eine Einigung war nicht zu erreichen, weder unter den militärischen Befehlshabern noch unter den geistlichen Würdenträgern, die sich als päpstliche Gesandte ausgaben. Ludwig VII. setzte seine persönliche Wallfahrt nach Jerusalem fort. Die Überlebenden kehrten zurück in ihre Länder. Ende des Jahres 1149 und Anfang 1150 entwickelte Suger den Plan für einen neuen, dritten Kreuzzug. Am 7. Mai wurde Bernhard in Chartres zum Anführer dieses Kreuzzuges ernannt, der wegen Meinungsverschiedenheiten unter den Fürsten des Orients und des Westens nicht zustande kam.

Wieso hat Bernhard sich gegen Ende seines Lebens auf ein solches Abenteuer eingelassen, an das er zuvor nie gedacht hatte? In seiner Abhandlung an die Templer hatte er lediglich Verteidigungsaufgaben ins Auge gefaßt, nicht einen Eroberungskrieg. Es muß ein Befehl vom Papst gekommen sein, den Bernhard wie einen Befehl Gottes aufnahm: „Da du es befiehlst", schrieb er an Eugen III., oder „besser noch: durch dein Wort ist es Gott, der es befiehlt." Mit seinem gewohnten Eifer machte er sich daran, einen Kreuzzug zu organisieren, wie er ein halbes Jahrhundert vorher stattgefunden hatte. Die Erinnerung daran blieb verbunden mit dem Gedanken, auf diese Weise Gott und dem Nächsten dienen zu können. Eine Studie aus neuerer Zeit hat aufgezeigt, daß der Akt des „Sich-Bekreuzigens", das heißt, das Kreuz aufzunehmen und zu tragen, einen Akt der Liebe darstellte, nach den Worten des Herrn: „Wer nicht sein Kreuz trägt und mir nachfolgt, der kann nicht mein Jünger sein" (Lk 14,27). „Es gibt keine größere Liebe, als wenn einer sein Leben für seine Freunde hingibt" (Joh 15,13). Im Kreuzzug war die Möglichkeit gegeben, aktiv die Laien aller Schichten in den Dienst der Kirche zu stellen, damit sie ihren Beitrag leisten konnten zum Werk der Erlösung – für sie selbst und für andere. Der Idee und Durchführung eines solchen Krieges standen viele Laien eher zustimmend als ablehnend gegenüber. Neuere Untersuchungen haben ergeben, daß besonders die enorm hohe Abgabenbelastung für die Finanzierung der Kreuzzüge auf Widerspruch stieß. In all dem war Bernhard ein Kind der Kultur seiner Zeit. Sein Fehler bestand darin, daß er eine Unternehmung auf die ganze Christenheit ausdehnen wollte, die, beschränkt auf das Rittertum Frankreichs, durchaus hätte von Erfolg gekrönt sein können. In seinem Idealismus hatte er es versäumt, sich zu informieren über die Wege, die ins Heilige Land führen, über die strategischen Probleme, denen man dort begegnen würde, und über die Gegensätze unter den Fürsten, die vor Ort hervortreten könnten. Die Rolle, die Bernhard in diesem zweiten Kreuzzug gespielt hat, zeigt klar die Grenzen eines Mannes des Geistes auf, wenn er Politik treibt.

Die letzten Lebensjahre

Wir wissen mehr über die Altersjahre des heiligen Bernhard als über seine Jugendzeit. Die Schriften dieser letzten Jahre sind reich an Bekenntnissen, die ahnen lassen, wohin ihn sein geistlicher Weg geführt hat. Die Anspielungen auf seinen schlechten Gesundheitszustand wurden in seiner Korrespondenz zwar nicht genauer, aber häufiger und nachdrücklicher. Er blieb jedoch aktiv, fuhr fort in seinem Wirken und ging weiter auf Reisen. Im Jahr 1150 wurde er 60 Jahre alt, was ihn keineswegs daran hinderte, im Laufe der nächsten beiden Jahre mehrere Gebiete Frankreichs zu bereisen und im Frühjahr 1153, also wenige Monate vor seinem Tod, sogar nach Lothringen zu fahren. Bernhard fand Zeit, sein geistliches Testament zu vollenden: *De consideratione*.

Sorgfältig überarbeitete er seine Hauptwerke, Wort für Wort, ja, Buchstabe für Buchstabe. Er vollendete eine überarbeitete und verbesserte Ausgabe seiner Ansprachen, welche gleichzeitig einen Kommentar zum Kirchenjahr und eine theologische Deutung der Heilsgeheimnisse darstellen. Unterstützt von Gottfried von Auxerre, wählte er ungefähr die Hälfte seiner zahlreichen Briefe aus und fertigte daraus eine streng gegliederte Sammlung: Er ordnete sie in chronologischer Reihenfolge der Pontifikate und darin jeweils nach der kirchlichen und gesellschaftlichen Rangordnung der Adressaten. Das Ergebnis war eine Art *Speculum*, ein „Spiegel“ der Kirche, wie er sie verstand. Er überarbeitete jeden einzelnen seiner Briefe. In gleicher Weise redigierte er seine *Ansprachen über das Hohelied* und setzte die Reihe fort. Leider konnte er sie nicht mehr vollenden. In den letzten – beispielsweise in der 84. Ansprache

– wird mehr als irgendwo sonst sein literarisches Können sichtbar. Die 86. Ansprache blieb unvollendet. Bernhard hatte ein klares Bewußtsein für die Verantwortung, die ihm als Gelehrten und aufgrund seines Talents zufiel.

Man kann sich fragen, warum Bernhard bei der Bearbeitung des „Registers“ seiner Briefe diesen oder jenen Text belassen, andere aber ausgesondert hat, wie beispielsweise das Rundschreiben, in dem er sich für den Kreuzzug aussprach. Weil der Kreuzzug gescheitert war? Die Kriterien seiner Auswahl liegen im Dunkeln, die literarische Qualität scheint aber den Ausschlag gegeben zu haben. Er bevorzugte die Briefe, zu deren Abfassung er mehr beigetragen hatte als seine Sekretäre. Bernhard hat keine Memoiren geschrieben, aber diese Auswahl, die er aus seinen Briefen traf, weist auf die Ereignisse und Fragen hin, denen er gegen Ende seines Lebens am meisten Bedeutung beimaß. Es ist aufschlußreich, daß den ekklesiologischen Schriften zwölf Briefe vorangestellt sind, in denen er seine monastische Lehre entwickelt. Am Beginn steht das Manifest, das beim Weggang seines jungen Vetters Robert von Clairvaux nach Cluny entstanden war. Bald darauf trug dieser programmatische Text, von dem es zwei Fassungen gibt, die sorgsam verbessert sind, zur „Legendenbildung“ um den heiligen Bernhard bei. Die Hagiographie hat das Thema des angeblich „vom Himmel gefallenen Briefes“ weiter ausgewalzt. Gottfried von Auxerre behauptete sogar, Bernhard habe ihm diesen Brief in einem einzigen Zug diktiert, und er habe ihn bei einem Platzregen abgeschrieben, ohne daß er naß geworden sei. Das Wunder sollte wohl den Wert der Gedanken unterstreichen, die in diesem Werk enthalten sind.

Bernhard kannte aber auch Momente der Enttäuschung, der Trauer und Sorge. Mehrere seiner Briefe blieben ohne Resonanz. Eine ganze Reihe von Gründungen, die er gewünscht oder eingeleitet hatte, ist gescheitert. Im Jahre 1148 starb sein Freund Wilhelm von Saint-Thierry, ferner Humbert, der fast 30 Jahre Mönch in Clairvaux gewesen war und für den Bernhard eine bewegende Grabrede hielt. Auch der irische Erzbischof Malachias O'Morgair, der in seinem Land das Mönchtum im Geiste Bernhards gefördert hatte, starb auf der Durchreise in Clairvaux. Bernhard schrieb seine Lebensgeschichte, ferner ein liturgisches Offizium und zwei Ansprachen zu seinen Ehren. In einem dieser letztgenannten Texte erwähnt er, daß sich damals mehrere Zisterzienseräbte in Clairvaux aufhielten. Vielleicht hatte Bernhard sie zusammengerufen, weil er sich um die weitere Entwicklung des Ordens sorgte. Tatsächlich weiß man, daß mehrere Äbte ihr Amt niederlegten oder darum baten, es tun zu dürfen, da sie von großen Problemen und Schwierigkeiten bedrängt wurden. Nikolaus von Montiéramey, ein tüchtiger, aber ränkesüchtiger Mönch, dem Bernhard sein Vertrauen geschenkt und den er zu seinem Hauptsekretär gemacht hatte, brach ihm die Treue: Im Jahre 1151 mißbrauchte er in niederträchtiger Weise das Siegel der Abtei.

Noch gravierender aber war, daß die Entwicklung des Zisterzienserordens in eine andere Richtung lief, als Bernhard es gewollt hatte. Man nahm es nicht mehr so genau mit der Observanz, verletzte die Vorschrift der Einfachheit im Gesang und in der Kunst und engagierte sich weniger in der Gesellschaft. Konflikte und Streitereien über Besitztümer brachten Klöster in Opposition zu den kirchlichen Autoritäten, manchmal sogar Zisterzienserabteien untereinander. Vor allem aber wandelte sich die wirtschaftliche Organisation: Man lebte von Einnahmen aus fremden Quellen, und nicht mehr ausschließlich von der Arbeit der Mönche und aus Spenden. Man widerstand nicht immer den Versuchungen der Macht, des Gewinnstrebens und des Reichtums. Klöster häuften große Güter an. Dies gilt allerdings nicht für Clairvaux, wo es Bernhard gelang, Einnahmen und Ausgaben im Gleichgewicht zu halten. Zu einem Verstoß gegen die Prinzipien, an denen er immer festgehalten hatte, kam es dort erst ihm Jahr seines Todes.

Im Jahr 1152 schrieb Papst Eugen III., ein ehemaliger Zisterziensermönch, an das Generalkapitel des Ordens:

„Wir wünschen, daß Eure Liebe nicht aufhöre, sich um die Dinge Gottes und um die Befolgung der Regel zu sorgen. Schätzt alles gering, was Ihr hinter Euch gelassen habt, und laßt nicht ab, vorwärts zu schreiten. Auf diese Weise wird Euer Blick nicht vernebelt, und Eure Gebete gelangen ungehindert zu Gott.
Ferner legen wir Euch ans Herz, geliebte Söhne, daß Ihr immer zusammenhaltet. Wenn Ihr Euch versammelt, sollt Ihr alle Unstimmigkeiten, die sich unter Euch eingeschlichen haben, ausräumen und alles in Angriff nehmen, was dem Heil der Seelen und der Vervollkommnung des Ordens dient. Außerdem erinnere ich Euch daran, daß sich schadet, wer die kleinen Dinge geringschätzt (vgl. Sir 19,1). Ihr solltet nicht die geringste Unvollkommenheit zulassen; wenn Ihr irgendeine Schwäche in Euch bemerkt, merzt sie aus. Denn was hat es für einen Sinn, alle Tore der Stadt sorgsam zu schließen, wenn durch ein einziges Loch, das offen geblieben ist, der Feind freien Zugang hat? Das meint die Schrift, wenn sie sagt: ‚Vernachlässigt ihr den Boden des Schiffes, wird das Unglück so groß wie bei einem entfesselten Unwetter.' Oder besser noch: ‚Ihr habt dem Schlag der Felsen standgehalten; nun hütet euch, nicht unter Sandkörnern zugrunde zu gehen.' Schaut auf unsere Väter, auf die Gründer unseres heiligen Ordens. Seht, wie sie die Welt verließen und geringschätzten, was irdisch ist. Sie überließen es den Toten, ihre Toten zu begraben, und flüchteten sich in die Wüsten. Sie überließen anderen die Sorge, dem Herrn in seiner Bedürftigkeit zu dienen, setzten sich gern mit Maria zu Füßen des Erlösers und sammelten das Manna des Himmels, das immer reichhaltiger wurde, je weiter sie sich von Ägypten entfernten. Auch sie hatten ihre Heimat und ihre Familien verlassen, auch sie hatten das Volk vergessen, zu dem sie gehörten, und das Haus ihrer Väter. Ihre Schönheit faszinierte den König der Könige so sehr, daß er sie zu einem großen Volk machte. Sie vermehrten sich so stark, daß sie sich bis an die äußersten Enden der Erde ausbreiteten; und das Licht, das sie ausstrahl-

ten, war von einem solchen Glanz, daß die ganze Kirche von Herrlichkeit erfüllt wurde. Man kann sagen, daß auf ihre Stimme hin die Frau von Sarepta mit dem wenigen Öl, daß ihr blieb, alle Gefäße gefüllt hat, die sie finden konnte. Sie haben die Erstlingsgaben des Heiligen Geistes gehabt, ihr wunderbares Öl ist bis zu uns geflossen.
Denkt daran und verlegt Euch mit all Euren Kräften darauf, nicht von ihrer bewährten Tugend abzuweichen. Erweist Euch als würdige Nachkommen solcher Stammväter. Da Ihr von ihnen den Samen des Lebens bekommen habt, bringt die gleiche Pflanze und die gleichen Früchte hervor wie sie. Seht, wie jene, die ihre Lampen haben erlöschen lassen, Euch bitten, ihnen etwas von Eurem Öl zu geben. Wie viele sieht man, die wie ein Lasttier im eigenen Mist herumgestanden haben und jetzt nur danach verlangen, sich unter Eure Führung zu begeben, in der sie die Wunderwerke sehen, welche die Gnade in uns wirkt, und sich Euren Gebeten empfehlen! Die Kinder der Welt mühen sich, daß Ihr Euch trotz Eurer Widerstände entschließt, die Führung ihrer Seelen zu übernehmen. Dafür greifen sie auf alle möglichen Mittel zurück, um Euch aus den Wonnen der Betrachtung und aus der Stille der Einsamkeit herauszureißen, damit Ihr Euch in den Trubel der Geschäftigkeit stürzt. Verliert nicht die Gewohnheiten Eurer Väter aus den Augen; sondern entsprecht dem Rat des Propheten und zieht es vor, im Hause Gottes für nichts geachtet zu sein, als Euch ins Zelt der Sünder zu setzen."

Auf diese Botschaft des Papstes Eugen III. an das Generalkapitel des Ordens dankte Bernhard mit seinem Brief 273.

Lange Zeit glaubte man, daß infolge des Scheiterns des Kreuzzugs die Schenkungen an Clairvaux im Vergleich zu anderen Klöstern abgenommen hätten. Untersuchungen neueren Datums haben nachgewiesen, daß dies nicht der Fall war. Aber an kritischen Äußerungen mangelte es nicht; übrigens auch nicht an Tröstungen: Um 1149 richtete der Zisterzienserabt Johannes von Casamari eine Botschaft voller Zuneigung und Vertrauen an Bernhard und versicherte ihm, daß die Verantwortung für den Mißerfolg bei den Kreuzfahrern liege.

Auf der Synode zu Reims im Jahre 1148, an dem Eugen III. teilnahm, hatte Bernhard Aussagen des Bischofs von Poitiers, Gilbert de la Porrée, über die Dreifaltigkeit angeprangert. Johannes von Salisbury als Augenzeuge und Otto von Freising, ein Zisterzienser-Chronist der nachfolgenden Generation, gaben Gilbert im nachhinein recht. Und tatsächlich wurde er nicht verurteilt; aber er mißbilligte ein „Heft“, das von einigen seiner Schüler verfaßt worden war. Wenig später, in seiner 80. *Ansprache über das Hohelied*, konnte Bernhard von der „demütigen Unterwerfung“ Gilberts unter das „Urteil der Bischöfe“ berichten. Aber er sorgte sich, daß die beanstandeten Ideen, die sich selbst unter seinen Mönchen ausbreiteten, weiterhin einen schädlichen Einfluß ausüben könnten. Er kommt hierauf noch einmal zurück im letzten Buch seines Werkes *De consideratione* (V,15).

Will man erfahren, was Bernhard im Innersten seines Herzens bewegte, so muß man zu dieser „Besinnung an Papst Eugen“ greifen. Sie ist ein Meisterwerk in der Strenge ihrer Gestaltung, der Reinheit und Dichtheit ihrer Aussage und aufgrund der demütigen Aufrichtigkeit, die Bernhard darin kundtut. Auch der heilige Augustinus hatte am Ende seines Lebens die *Retractationes* verfaßt, mit denen er sich nicht – wie das Wort vielleicht vermuten läßt – „zurückziehen“, sondern früher angeschnittene Themen wiederaufnehmen und teilweise auch umarbeiten wollte.

Bernhard hält mit seiner Schrift *De consideratione* gewissermaßen Rückschau auf sein Leben und seine Reformtätigkeit, und er beschäftigt sich mit der Situation der Kirche (III,19):

„Wache in deiner Besinnung auch über den Gesamtzustand der Kirche. Frage dich, ob sich das Volk den Klerikern, die Kleriker den Priestern und diese sich Gott in der erforderlichen Demut unterwerfen, ob in den Klöstern und religiösen Gemeinschaften die Regel eingehalten wird und die klösterliche Zucht lebendig ist, ob die kirchliche Zensur verkehrte Taten und Lehren unterdrückt, ob die Weinberge des Herrn durch das rechtschaffene und heilige Leben der Priester in Blüte stehen; ob die Blüten auch Früchte bringen, nämlich den Gehorsam der christlichen Völker, ob schließlich eure apostolischen Anordnungen und Verfügungen mit der entsprechenden Sorgfalt befolgt werden, damit im Acker des Herrn aus Nachlässigkeit nichts unbebaut bleibt oder durch List entwendet wird. Zweifle nicht, daß sich so etwas finden läßt! Mir fallen auf Anhieb Beispiele ein – um von den vielen, unzählig vielen Bereichen zu schweigen, die allenthalben vernachlässigt daliegen –, daß auch einiges von dem, was deine Rechte gepflanzt hat, wieder ausgerissen wurde."

Bernhard kommt fast gar nicht auf die monastischen Fragen zu sprechen, es sei denn, um einmal mehr die Mißstände der Exemtion anzuprangern (III,17). Er spricht von „den Häretikern" (also von den Katharern), vom Schisma Anaklets, von den Unruhen, die Arnold von Brescia in Rom ausgelöst hatte, von den Sorgen über die Lehren Abälards und Gilberts von Poitiers, über die Beziehung zwischen Glauben und Vernunft, über die schwierigen Kontakte mit der Römischen Kurie, über Auseinandersetzungen im Zusammenhang mit Bischofswahlen und natürlich über den Kreuzzug. Er ist bereit, die Demütigung des Mißerfolgs auf sich zu nehmen, fühlt sich aber für das Scheitern des Unternehmens nicht verantwortlich (I,1;4).

„Wie du selbst weißt, sind schwere Zeiten hereingebrochen, die unserem Leben ein nahes Ende anzukündigen scheinen. Es ist nämlich, als hätte der Herr, erzürnt über unsere Sünden, den Erdkreis vorzeitig gerichtet, gerecht zwar, doch ohne an sein Erbarmen zu denken. Er hat weder sein Volk noch seinen

Namen geschont. Sagt man nicht unter den Heiden: ‚Wo ist denn ihr Gott?' (Ps 113,10) Kein Wunder, die Söhne der Kirche, die den christlichen Namen tragen, blieben in der Wüste liegen, vom Schwert durchbohrt oder von Hunger verzehrt. Unter den Anführern entbrannte Streit, und der Herr ließ sie außerhalb des rechten Weges in die Irre gehen. Verzweiflung und Unheil verfolgte ihre Bahn; Entsetzen, Trauer, Verwirrung drang in die Gemächer ihrer Könige ein. Wie beschämt stehen nun die Füße der Boten da, die Frieden verkündigten, die eine gute Nachricht brachten (vgl. Jes 52,7). Wir sagten ‚Friede', doch es gibt keinen Frieden, wir versprachen Gutes, doch ach, es gab nur Schrecken . . .
Mir macht es nichts aus, daß ich von denen verurteilt werde, die das Gute böse und das Böse gut nennen, die das Licht zur Finsternis machen und die Finsternis zum Licht. Wenn schon eines von beiden geschehen muß, so ist es mir lieber, das Murren der Leute richtet sich gegen mich als gegen Gott. Wohl mir, wenn er sich herabläßt, mich als Schild zu benutzen! Gerne fange ich die Schmähungen und die Giftpfeile der Lästerer auf, damit sie Gott nicht treffen! Ich bin bereit, meine Ehre zu verlieren, wenn nur die Ehre Gottes nicht angetastet wird."

All diese Erlebnisse reflektiert Bernhard im Licht der geistlichen Erfahrung seines Lebens, wobei er seine Adressaten, Papst Eugen III. und alle Gläubigen, im Blick hat. In einem spürbaren Crescendo spricht er immer mehr, vor allem auf den letzten Seiten, über die Vereinigung mit den drei göttlichen Personen und über das Geheimnis des Gottmenschen.

„Bildnis eines Greises", *Senis icona*, wird man eines Tages in einem Gebet den heiligen Bernhard anrufen. In seinem geistlichen Testament, in der Sammlung der *ultima verba*, aus denen die Schrift *De consideratione* besteht, bewahrt er seine glühende Lebendigkeit, zügelt aber seine Streitbarkeit. In gelassener Distanz zu den Wechselfällen des menschlichen Lebens, im inneren Frieden, den er durch die Kontemplation erlangt hat, spricht er mehr als früher von der *discretio*, von der Mäßigung, der Tugend der Ausgeglichenheit. Jenseits der Spannungen, denen seine starke Persönlichkeit weiterhin ausgesetzt war, kennzeichnet die Gelassenheit das Ziel seines Aufstiegs zu Gott, den Weg vom jungen, ungestümen Abt zum erfahrenen Mann der Kirche (II, 19-20):

„Steh fest in dir! Laß dich nicht nach unten werfen, nicht nach oben ziehen, schweife nicht in die Ferne, breite dich nicht aus in die Weite! Halte die Mitte, wenn du das Maß nicht verlieren willst. Die Mitte ist ein sicherer Ort. Sie ist die Heimat des Maßes, und im Maß liegt die Tugend. Jedes Verweilen außerhalb des Maßes gilt dem Weisen als Verbannung. Er hält sich daher nicht in der Ferne auf, weil sie sich jenseits des Maßes erstreckt, genauso wenig in der Breite, weil sie außerhalb liegt, auch nicht in der Höhe oder Tiefe, weil die eine oberhalb, die andere aber unterhalb ist. Im übrigen führt die Ferne gewöhnlich zu jähem Ende, die Ausdehnung zum Riß, die Höhe zum Sturz und die Tiefe zum Versinken . . .
Sei also bei deiner Selbstbesinnung vorsichtig und halte genau das Gleichgewicht, damit du dir nicht mehr zuschreibst, als wahr ist, und dich nicht mehr schonst, als gerecht ist. Du schreibst dir aber mehr zu, als wahr ist, sowohl, wenn du dir einen Vorzug anmaßt, den du nicht hast, als auch, wenn du einen Vorzug, den du hast, dir selbst zurechnest. Unterscheide wachen Auges, wie du von dir aus und wie du durch die Gnade Gottes bist; in deinem Geist soll keine Täuschung Raum finden. Das wäre jedoch der Fall, wenn du nicht gewissenhaft teilst und ohne Betrug dir anrechnest, was dein ist, Gott aber, was Gott gehört. Von dir kommt das Böse, das Gute aber von Gott; davon bist du gewiß überzeugt."

In der Hagiographie und in Biographien bedeutender Persönlichkeiten wird der Tod oft als feierlicher Moment dargestellt; unter Mönchen ist er des öfteren ein „freudiges“ Ereignis.

Wenn Bernhard vom Tod gesprochen hat, so fast nie über die Umstände, die ihn begleiten. Er betrachtete ihn als eine Gegebenheit des menschlichen Lebens, die auch Christus durchgemacht und durch seine Auferstehung in einen Übergang zum ewigen Leben verwandelt hat. Es war ihm ein wichtiges Anliegen, denjenigen, die heimgehen, Sicherheit und Vertrauen zu vermitteln, und denjenigen, die zurückbleiben, über den Schmerz der Trennung hinwegzuhelfen. So hatte er einst beim Heimgang seines Bruders Gérard geschrieben: „Ich verabscheue den Tod, den meinen und den der Meinigen“ (*Cant.* 26,9). In dieser 26. Ansprache zum Hohenlied führt er weiter aus:

„Mein lieber Bruder Gérard! Schon um Mitternacht wurde es für dich Tag, und die Nacht wurde dir hell wie der Tag (vgl. Ps 139,12). Die Nacht selbst war dein Licht und deine Freude. Man rief mich herbei, das Wunder zu schauen, wie ein Mensch im Tode jubelt und des Todes spottet. Tod, wo ist dein Sieg? Tod, wo ist dein Stachel? (vgl. 1 Kor 15,55) Da ist kein Stachel mehr, sondern nur Jubel. Da stirbt ein Mensch im Singen und singt im Sterben! Tod, du Vater der Traurigkeit wirst ihm zum Freudenquell. Du Feind der Herrlichkeit wirst Ursache der Herrlichkeit. Du Pforte der Unterwelt wirst zum Eingang ins Himmelreich. Du Grube des Verderbens wirst zum Hafen des Heiles. Und das für einen Sünder! Doch es ist gerecht so, weil du gegen einen Schuldlosen und Gerechten (den Gottmenschen) deine Macht so ungerecht gebraucht hast. Tot bist du nun, o Tod, durchbohrt von jenem Angelhaken, den du ahnungslos verschlungen hast und den der Prophet sprechen läßt: ‚Tod, ich will dein Tod sein; dein Biß will ich sein, o Toten-

reich!‘ Von jener Angel durchlöchert, sage ich, öffnest du den Gläubigen, die du verschlingst, einen freien, frohen Ausgang zum Leben. Gérard fürchtet dich nicht, du Gespenstergesicht! Gérard schreitet mitten durch deinen Schlund hindurch zum Heimatland, nicht nur sicher, sondern frohlockend und lobpreisend.
Als ich zu ihm kam und er meine Schritte hörte, beendete er mit klarer Stimme den Psalm, blickte zum Himmel auf und sprach: ‚Mein Vater, mein Vater!‘ Hierauf wandte er sich zu mir und sagte mit heiterem Antlitz: ‚Wie groß ist Gottes Huld, daß er den Menschen Vater ist! Welche Ehre für die Menschen, daß sie Kinder und Erben Gottes sind! Denn wenn wir Kinder sind, sind wir auch Erben‘ (vgl. Röm 8,17). So sang er, den wir nun beklagen. Ich gestehe, daß er damit auch meine Klage beinahe zum Liede gemacht hätte. Denn wenn ich seiner Herrlichkeit gedenke, vergesse ich mein eigenes Elend.“

An einer anderen Stelle schreibt Bernhard: „Ich beginne zu sterben, jedesmal, wenn einer der Meinen stirbt“ (*In obitu Humberti*, 26,6). Für diejenigen aber, die Anteil bekommen an der Herrlichkeit des Auferstandenen, ist der Tod ein Geheimnis der Freude. Der Tod Humberts ist für ihn ein Schritt ins Licht, ein Eingehen in die „Freude und den Jubel für alle Ewigkeit“ (*In obitu Humberti*, 6). Auch Malachias feiert sein Hinscheiden wie „ein Fest“ (*De S. Malachia*, 7).

Wir besitzen ein Dokument, in dem Bernhard über seinen eigenen Tod spricht. Es handelt sich um den Brief 310, den Gottfried von Auxerre am Ende des von Bernhard aufgestellten Registers einreihte. Dieser Brief ist an den Benediktinerabt Arnold von Bonneval gerichtet, der darum gebeten wurde, das zweite Buch der Legende, der *Vita Prima*, zu schreiben, nachdem der Autor des ersten Buches, Wilhelm von Saint-Thierry, verstorben war. Dieses Dokument ist so eigenartig, daß von mehreren Seiten Zweifel an seiner Echtheit geäußert wurden.

Wie dem auch sei, der Text zeigt, wie man in Clairvaux das physische und moralische Befinden Bernhards kurz vor dem 20. August 1153, dem Tag, an dem er diese Welt verließ, hat sehen und verbreiten wollen:

„Wir haben Euer Zeichen der Liebe mit Liebe empfangen – ich kann nicht sagen mit Freude. Was bleibt an Freude, wenn die Bitternis des Lebens alles in sich aufzehrt? Wenn mir noch ein Vergnügen geblieben ist, so jenes, nichts mehr zu essen. Der Schlaf hat mich verlassen, damit der Schmerz mich nie verläßt, nicht einmal in dem Moment, in dem ich das Bewußtsein verliere. Meine Magenschwäche ist mein Hauptübel. Fortwährend, Tag und Nacht, verlangt er, mit ein wenig Flüssigkeit besänftigt zu werden. Feste Nahrung verträgt er überhaupt nicht mehr. Und selbst das wenige, das er noch aufnimmt, geht einher mit einem schrecklichen Schmerz, der ihn erfaßt. Aber er fürchtet, es wäre noch viel schlimmer, wenn er leer bliebe. Wenn er sich zufällig bewegen läßt, etwas mehr zu nehmen, ist er entsetzlich. Meine Füße und Beine sind geschwollen wie die eines Wassersüchtigen. Ich erwähne all das, weil ich einem Freund, der sich wegen des Zustands seines Freundes sorgt, nichts vormachen möchte. Doch was meine innere Verfassung betrifft, ist mein Geist (ich bin verrückt, es zu sagen) willig in dem kranken Fleisch (vgl. Mt 26,41). Es wird Zeit, daß ich heimgehe! Bittet unseren Erlöser, der nicht den Tod des Sünders will, meinen Heimgang nicht hinauszuzögern, sondern ihn unter seinen Schutz zu stellen. Sorgt dafür, daß Eure Gebete mich schützen, der ich ohne Verdienste bin. So wird die Schlange, die mir auflauert, nichts finden, wo sie ihren Zahn ansetzen kann.
Ich habe, krank wie ich bin, diesen Brief eigenhändig geschrieben, damit Du an der vertrauten Handschrift meine Zuneigung erkennst. Doch hätte ich Dir lieber persönlich geantwortet, statt Dir zu schreiben.“

In diesem „letzten Brief“ Bernhards findet sich seine ganze stilistische und geistige Meisterschaft, so wie der feine Humor seiner besten Zeiten, vom Wortspiel am Anfang – *in caritate et non in voluptate* – bis zur leisen Ironie am Schluß, wo er auf einen Brief anspielt, den er erwartet hatte, der aber nicht angekommen ist: „Ich hätte Dir lieber persönlich geantwortet, statt Dir zu schreiben.“ Selbst bei der Beschreibung seiner körperlichen Beschwerden scherzt er. Er macht sich einen Spaß daraus, seinen Magen zu personifizieren. Trotz seiner körperlichen Beschwerden ist Bernhards Geist lebendig, „willig“. „Ich bin verrückt, dies zu sagen“, fügt er mit Humor hinzu.

Wenn er das Wort des Propheten (vgl. Ez 33,11) zitiert, daß Gott nicht den Tod des Sünders will, denkt er an die Auferstehung Christi: Er legt es sogar dem Herrn selbst in den Mund.

Treue in der Freundschaft, Demut, unbesiegbares Vertrauen, Freude, ja Humor: Daran erkennt man den ganzen Bernhard, wie er zeit seines Lebens war und wie er sein wird in seinem Tod. Es gibt in der Literaturgeschichte nur ganz wenige Autoren, die gewissermaßen ihren eigenen Tod vorweggenommen haben. Bernhard spielt ihn gewissermaßen vorher durch, in einer Art Generalprobe; er beschreibt, was er in seinem Geist und in seinem Organismus erfährt. Nachdem Bernhard Zeuge des Heimgangs von mehreren seiner Brüder gewesen war, ist er nun Zeuge seines eigenen Todes. Nicht ohne Schmerz, aber in einem freudigen Glauben.

Die Botschaft

Die Lehre des heiligen Bernhard ist häufig untersucht worden, vor allem seit dem Werk von Étienne Gilson, *Die Mystik des heiligen Bernhard von Clairvaux*, das 1932 erschienen ist (in deutscher Übersetzung: Wittlich 1936). Gilson hat dazu beigetragen, daß Bernhard als Theologe ernst genommen wurde. Früher betrachtete man Bernhard vor allem als „Erbauungs-Schriftsteller", der Gefühle anzusprechen vermochte, aber kaum Ideen vermittelte. Zum 800. Gedenkjahr seines Todes 1953 gaben Beiträge eines Kongresses in Dijon, die unter dem Titel *Der heilige Bernhard als Theologe* veröffentlicht wurden, neue Impulse. Seit der Zeit ist die Forschung weiter vorangeschritten. Trotzdem bleiben noch viele Fragen offen. Wir wollen versuchen, der Genese seines Denkens über die einzige Wirklichkeit nachzuspüren, die in seinen Augen zählte: die Vereinigung des Menschen mit Gott, die ein Aufeinanderzugehen von beiden Seiten voraussetzt. Die Betrachtung der wichtigsten Schriften Bernhards in chronologischer Reihenfolge bietet die Möglichkeit, der Entwicklung seiner Theologie nachzugehen.

Gott in der Begegnung mit dem Menschen

Über die Stufen der Demut und des Stolzes

Der früheste Traktat des heiligen Bernhard, *De gradibus humilitatis et superbiae* (*Über die Stufen der Demut und des Stolzes*), stammt etwa aus dem Jahre 1124. Es ist bereits ein literarisches und theologisches Meisterwerk, gleichsam eine vorweggenommene Synthese seiner ganzen Lehre; man findet darin das Zentrum, von dem alles andere ausgeht. Gleichzeitig entfaltet Bernhard darin sein schriftstellerisches Talent in einer ganz ursprünglichen Weise. „Bring uns zum Staunen", riet ein bekannter und berühmter Lehrmeister einem jungen Autor, der auf der Suche nach Ruhm war.

Der Traktat galt als Kommentar zum 7. Kapitel der Regel des heiligen Benedikt; aber dem ist nicht so: Während die Benedikt-Regel zwölf Stufen aufzählt, die auf der Leiter der Demut zu ersteigen sind, nennt Bernhard nur drei. Er zitiert nicht die Regel, sondern greift auf das Johannesevangelium zurück. Und wenn Bernhard im zweiten Teil zwölf Stufen beschreibt, sind es die des Stolzes, nicht die der Demut; außerdem betrachtet er sie in umgekehrter Reihenfolge wie der heilige Benedikt: Er beginnt bei der letzten und schließt bei der ersten. Während die erste Hälfte des Buches einen ausgesprochen dogmatischen Charakter hat, enthält der zweite Teil vor allem eine Reihe von Porträts, von „Charakteren", darunter einige originelle Karikaturen. Bernhard ist ein künstlerischer Mensch. Er will Staunen wecken, er sagt nicht das, was man von ihm erwarten würde. Und doch vermittelt er seinen Lesern genau das, was der Titel des Werkes ankündigt.

Von Anfang an zeigt sich die Fülle seiner Ausdruckskraft; er weiß, daß er die Gabe besitzt, eine Botschaft zu vermitteln, weniger durch eine streng logische Argumentation als durch Analogien. Darin liegt seine spezifische Art der Darstellung und Vermittlung seiner Gedanken. Er folgt damit einer Tradition, die auch in der Bibel und bei den Kirchenvätern zu finden ist. Es ist jene Kunst, welche die Philologen Paronomasie nennen.

Nicht *Demut*, sondern *Wahrheit* ist der Schlüsselbegriff von Anfang an. Statt von den Menschen zu sprechen, von ihrer Psyche und ihrem geistlichen Leben, spricht er von Christus. Was ihn interessiert, ist keineswegs unser „Ich", sondern die Wahrheit, genauer gesagt: die absolute Wahrheit. Er geht nicht von einer subjektiven Analyse unserer Seelenzustände aus, sondern von dem objektiven Licht, das von Gott kommt; und vor diesem Hintergrund interpretiert er die menschliche Erfahrung. Er möchte, daß wir unseren Blick nicht auf uns selbst richten, sondern von uns weg auf das einzige Licht, das real und absolut ist. Worin besteht dieses Licht? Wer ist dieses Licht? „Ich bin der Weg, die Wahrheit und das Leben." – „Ich bin es, der . . ." Da finden wir das alles entscheidende „Ich". Der Kontext der Worte im Johannesevangelium macht deutlich, daß dieses Ich trinitarischer Natur ist. Woher kommt derjenige, der all das ist? Vom Vater. Wohin führt er? Zum Vater, durch den Geist. Der Gott, an den der Christ glaubt, ist dreifaltig. Jesus ist der Weg, der zu diesem Ziel, zu dieser Wahrheit führt: Er ist selbst die Wahrheit, die Wahrheit über Gott und die Wahrheit über den Menschen. Wir gelangen zur Selbsterkenntnis, wenn wir den Vater durch Christus im Heiligen Geist kennenlernen, und nicht indem wir unseren Blick auf uns selbst richten.

Um dies zu verdeutlichen und für den Verstand einsichtig zu machen, verwendet Bernhard eine Reihe von nicht übersetzbaren Wortspielen. Unser „Elend" (*miseria*) ruft nach der „Barmherzigkeit" (*misericordia*) Gottes. Die Überleitung zur zweiten Stufe bildet eine Parabel der Wahrheit, jener wiederentdeckten Wahrheit, die Demut ist: „Ich habe nicht geglaubt, etwas über den Aufstieg sagen zu können, da ich nur den Abstieg kenne ... Aber du, Leser, wirst darin vielleicht etwas finden, an dem du dich wiederaufrichten kannst ..." Am Schluß des Buches findet sich wiederum ein – lateinisches – Wortspiel: „Du wirst mehr in deinem Herzen finden als in meiner Schrift (*in tuo corde quam in nostro codice*)."

Im Licht der Wahrheit, die Christus ist, und im Gegensatz zu dem, was Bernhard von sich selbst sagen kann, wird der Leser eingeladen, von diesem Werk zur Regel des heiligen Benedikt überzugehen und von da zu seiner eigenen Lebenserfahrung. In diesen Rahmen sind die im ganzen Traktat verstreuten Ideen hineingestellt. Man hat versucht, sie in unterschiedlichen Diagrammen oder Gliederungen zu ordnen; keines dieser Schemata wird dem Werk letztlich gerecht. Eine Definition der Demut als wahrhaftige Selbsterkenntnis orientiert sich in erster Linie an der Beziehung zu dem, der die Wahrheit ist. Der Gewinn aus dem Anerkennen dieser Wahrheit ist die Liebe. Die Liebe zur Wahrheit führt zur Aufrichtigkeit der Liebe, und diese aufrichtige Liebe verbindet Selbsterkenntnis und Gotteserkenntnis.

Hier bereits bezieht sich Bernhard, wenn er von der Liebe spricht, auf das Hohelied, auf dessen Vokabular er sein ganzes Leben lang zurückgreifen wird (*Grad.* 1-3). Auf jeder der drei Stufen: Selbsterkenntnis, Urteil über sich selbst und Liebe ist der Bezugspunkt immer die Erfahrung, die Christus in seinem Menschsein gemacht hat und die im wesentlichen eine Erfahrung des Mitleidens war: Durch seine Demut, seine aus freien Stücken angenommene Armut, offenbart er uns die Barmherzigkeit Gottes. Er lehrt uns, daß auch wir voll Mitleid sein sollen (*Grad.* 3-5). Auf diese Weise werden wir hineingeführt in die Gottesschau: Wir bekommen Anteil an der Gotteserkenntnis Jesu, wie Johannes sie uns erahnen läßt und wie sie bei Matthäus denen verheißen ist, die „reinen Herzens" sind (vgl. Mt 5,8; *Grad.* 7). So werden wir durch die Erkenntnis der Wahrheit mit dem Sohn verbunden, durch die Liebe und das Mitleid mit dem Geist, durch die Schau mit dem Vater. Dieser Aufstieg zu Gott wird dargestellt anhand der Vision des heiligen Paulus (*Grad.* 8).

Im zweiten Teil des Traktats, der den Gegensatz beschreibt zu diesem Aufstieg zu Gott, geht es um den Stolz von seinen extremen Formen – Auflehnung und Beharren in der Sünde – bis zu den mehr äußerlichen, vielleicht darf man sagen: unschuldigeren Formen, wie jener, die darin besteht, daß man sich in allem von allen anderen unterscheiden möchte. Meisterhaft skizziert und entlarvt Bernhard die kleinen skurrilen Schwächen in zum Teil recht amüsanten Porträts von zwölf Mönchen. Man kann bezweifeln, ob irgendeine reale Person ihnen je ähnlich war. Das letzte Wort ist jedenfalls der Freude, dem Humor und der Selbstironie vorbehalten, als ob er nichts sagen könnte, was ernst ist.

Auszüge aus dem Traktat des heiligen Bernhard „Über die Stufen der Demut und des Stolzes“:

„Ich möchte nun von den Stufen der Demut sprechen, die der heilige Benedikt nicht zum Zählen, sondern zum Besteigen empfiehlt. Zunächst will ich versuchen zu zeigen, wohin sie führen; denn wenn man die Frucht des Ziels kennt, drückt die Mühe des Ersteigens weniger. Die Mühsal des Weges und den Lohn der Mühe stellt uns der Herr vor mit den Worten: ‚Ich bin der Weg, die Wahrheit und das Leben‘ (Joh 14,6). Als Weg bezeichnet er die Demut, die zur Wahrheit führt. Die Demut ist die Mühe, die Wahrheit aber die Frucht der Mühe. Woher soll ich wissen, fragst du, daß er von der Demut sprach, als er ganz allgemein sagte: ‚Ich bin der Weg‘? An einer anderen Stelle wird es deutlicher: ‚Lernt von mir; denn ich bin gütig und von Herzen demütig‘ (Mt 11,29). Sich selbst stellt er also als Beispiel der Demut, als Modell der Sanftmut hin. Wenn du ihn nachahmst, wandelst du nicht in Finsternis, vielmehr wirst du das Licht des Lebens haben (vgl. Joh 8,12). Was ist das Licht des Lebens anderes als die Wahrheit, die jeden Menschen erleuchtet, der in diese Welt kommt (vgl. Joh 1,9), und so zeigt, wo das Leben zu finden ist? Daher fügte Jesus seinen Worten: ‚Ich bin der Weg und die Wahrheit' hinzu: ‚und das Leben', als wollte er damit sagen: Ich bin der Weg, der zur Wahrheit führt. Ich bin die Wahrheit, die das Leben verheißt. Ich bin das Leben, das ich gebe. ‚Das ist ja das ewige Leben, dich zu erkennen, den einzig wahren Gott, und den du gesandt hast, Jesus Christus' (Joh 17, 3). Es ist, als sagtest du ihm: ‚Ich sehe den Weg: die Demut. Ich verlange nach der Frucht: der Wahrheit. Doch wie, wenn die Mühsal des Weges so groß ist, daß ich nicht zur gewünschten Frucht gelangen kann?' Darauf antwortet der Herr: ‚Ich bin der Weg', das heißt die Wegzehrung, die dich auf dem Wege erhalten soll. Er ruft also den Irrenden und jenen, die den Weg nicht kennen, zu: ‚Ich bin der Weg', den Zweifelnden und jenen, die nicht glauben: ‚Ich bin die Wahrheit', denen aber, die bereits bergan gegangen sind, aber ermatten wollen: ‚Ich bin das Leben.'" (*Grad.* 1)

„Da er sich für besser hält als die anderen, empfindet es ein Prahlsüchtiger als Schande, wenn er nicht etwas mehr tut als sie; denn er möchte unter Beweis stellen, daß er allen anderen voraus ist. Die Empfehlungen der Klosterregel, die für alle gelten, und das Vorbild erfahrener Älterer genügen ihm nicht. Doch ihm ist nicht daran gelegen, verdienstvoller zu sein, sondern er möchte nur so scheinen. Er strengt sich nicht an, um besser zu leben, sondern um einen solchen Anschein zu erwekken und sagen zu können: ‚Ich bin nicht wie die anderen Menschen' (Lk 18,11). Wenn er fastet, während die anderen essen, hat er eine größere Befriedigung, als wenn er sieben Tage mit allen anderen fasten würde. Ein einziges persönliches Gebet erscheint ihm wertvoller, als in der Gemeinschaft die ganze Nacht hindurch die Psalmen zu singen. Während er speist, läßt er seinen Blick von einem Tisch zum anderen schweifen. Er jammert, daß er bevorzugt wurde, wenn er sieht, daß ein anderer weniger ißt. So beginnt er, sich in grausamer Weise dessen zu enthalten, was er sich vorher als notwendig glaubte zubilligen zu müssen; denn er fürchtet mehr die Herabsetzung seiner Ehre als die Schmerzen des Hungers. Sieht er einen, der magerer oder blasser ist als er, so hat er den Eindruck, nichts vollbracht zu haben. Er kommt nie zur Ruhe. Da er selbst nicht sehen kann, welchen Gesichtsausdruck er den anderen darbietet, betrachtet er seine Hände und Arme, betastet seine Seiten und befühlt seine Oberschenkel und Hüften: Von der mehr oder weniger großen Schwäche seiner Glieder schließt er auf die Blässe oder Farbe seines Gesichts. In allen persönlichen Unternehmungen ist er wachsam, träge bei gemeinschaftlichen Aktivitäten. Er wacht in seinem Bett und schläft beim Chorgebet. Nachdem er die ganze Nacht bis zum Morgen im Halbschlaf verbracht hat, während die anderen sangen, bleibt er allein im Oratorium, wenn sich die anderen in der Klausur ausruhen. Er speit und hustet, aus seiner Ecke dringt sein Klagen und Seufzen an die Ohren derer, die draußen sitzen. All diese Dinge, die er allein macht, die aber zu nichts führen, mehren sein Ansehen unter den Unbedarften, die natürlich nach dem urteilen, was sie von außen sehen, aber nicht die Absicht durchschauen. Sie halten den Unglückseligen für heilig, und auf diese Weise stürzen sie ihn in die Illusion.“ (*Grad.* 42)

Über die Gottesliebe

Etwa zur gleichen Zeit, als Bernhard die Abhandlung *Über die Stufen der Demut und des Stolzes* verfaßte, im Jahre 1125, schrieb er auch den langen Brief 11, sein erstes Manifest über die Liebe. Er erachtete diesen Text als grundlegend, so daß er ihn als Anhang dem Buch beifügte, das er zwischen 1130 und 1141 verfaßte: *De diligendo Deo* (*Über die Gottesliebe*). Dieser

Brief des noch jungen Bernhard enthält im Keim all das, was er in seinen späteren Werken ausführte; in ihm findet sich bereits sein ganzes geistliches Programm. Dieser Brief stellt ein wichtiges Dokument des 12. Jahrhunderts dar, das in die Geschichte als das große Jahrhundert der Liebe einging. Die Schriften über die Liebe zu Gott und über die Minne der Menschen untereinander waren sehr zahlreich, und oft ergänzten sie sich gegenseitig. Man kann sogar von einem wechselseitigen Einfluß dieser beiden literarischen Gattungen sprechen. Der heilige Bernhard gab in seinem 11. Brief an die Kartäuser dafür den Ton an.

Genauer gesagt, er hatte den Ton Gottes angegeben, wie er in der Heiligen Schrift aufklingt. Das ganze Vokabular Bernhards ist biblisch, sein ganzes Denken entwickelt sich auf der Grundlage der Texte des Alten und im besonderen des Neuen Testaments. Die Sprache selbst offenbart bereits die Natur der Liebe Gottes: Sie ist eine Wirklichkeit, die der Mensch nicht aus sich selbst hat erfinden können. Sie kommt von Gott, der ihn zuerst geliebt und ihm seine Liebe zugesagt hat.

Im Denken des heiligen Bernhard steht von Anfang an die Liebe im Mittelpunkt, von der Paulus sagt, daß sie „nicht ihren Vorteil sucht“ (1 Kor 13,5), sondern auf Christus ausgerichtet ist. Da sie uneigennützig ist, ist sie frei von Egoismus. „Die Weisung des Herrn ist vollkommen, sie erquickt den Menschen“ (Ps 19,8). Sie allein kann den Geist abbringen von dem, was nur von dieser Welt ist, und ihn auf Gott hin orientieren. Sie stellt zwischen dem Menschen und Gott die einzige Beziehung her, die beider würdig ist: die eines Sohnes zu seinem Vater, nicht die eines Sklaven gegenüber seinem Herrn, den er fürchtet; und auch nicht die eines Söldners, der nur an den Lohn denkt, den er von seinem Auftraggeber bekommen wird.

Das Wesen dieses neuen Gesetzes steht im Gegensatz zu dem, was die anderen Gesetze prägt, es engt nicht ein, sondern macht frei: „Es bekehrt die Menschen, indem es sie frei handeln läßt.“ Später kommt Bernhard immer wieder unter verschiedensten Gesichtspunkten auf diese biblischen Worte und die darin enthaltenen Wahrheiten zurück. Das neue Gesetz, das von Gott kommt, ist nichts anderes als Gott selbst, der Liebe ist. Bernhard hat Freude daran, mit diesen Begriffen zu spielen. Er bezieht das „Gesetz" zunächst auf Gott selbst, dessen Leben aus der einzigartigen und wechselseitigen Liebe der drei göttlichen Personen besteht. Liebe, das ist die Bejahung des anderen um seiner selbst willen. Dieses Geheimnis der freiwilligen Bejahung der Einheit in der Verschiedenheit – nicht trotz der Andersartigkeit, sondern ausgehend von ihr und von der damit verbundenen Bereicherung – soll sich auch in der Beziehung zwischen den Menschen und Gott verwirklichen. Das bringt die Menschen einander näher – analog zur trinitarischen Liebe in Gott selbst.

Diese Gabe Gottes, dieses Geschenk, das Gott ist, kommt vom Heiligen Geist und durch ihn. Es ist der Geist, der uns frei sein läßt wie Söhne. Deshalb ist das Joch dieses Gesetzes leicht. Wer den Geist der Freiheit empfängt, für den gilt das Wort des Paulus: „Das Gesetz ist nicht für den Gerechten bestimmt" (1 Tim 1,9). Das heißt nicht, daß er „ohne Gesetz" lebt, aber er steht nicht mehr „unter dem Gesetz".

Daraus ergeben sich zwei Konsequenzen, die ebenfalls in biblische Worte gekleidet sind: Zum einen „vertreibt die vollkommene Liebe die Furcht" (vgl. 1 Joh 4,18), eine Stelle, die auch Benedikt in seiner Regel (7,67) zitierte. Zum anderen heilt die Liebe im Menschen, der von der Furcht befreit ist, den Unfrieden, das „Gesetz der Selbstsucht", das in unserer Natur liegt. Im Hintergrund steht das Hohelied, in dem die Braut von der Gegenwart dessen spricht, der sie liebt: „Sein Zeichen über mir heißt Liebe" (Hld 2,4). So können wir Gott mit unserem ganzen Sein und im Frieden der Seele lieben: „Wenn man mit der Gnade Gottes diesen Zustand erreicht hat, werden der Leib und alle Gaben des Leibes wegen der Seele geliebt, die Seele wegen Gott, Gott aber wird um seiner selbst willen geliebt" (*Dil.* 38).

Diese positive Sichtweise des Leiblichen, all seiner Vorzüge und Fähigkeiten, *universa corporis bona*, ist besonders hervorzuheben. Man darf den Leib nicht geringschätzen, sondern muß ihn in der rechten Weise achten und lieben. Bernhard weiß, daß wir Wesen aus Fleisch und Blut sind; unsere Liebe muß Wurzeln fassen in unserer leiblichen Dimension, sie muß alles mit dem Geist durchdringen und so unser ganzes Sein zur Vollendung in der Herrlichkeit führen. Das vollzieht sich in Stufen, wie Bernhard ausführlich darlegt. Der ganze Weg der christlichen Askese ist hier vorgezeichnet, die tiefe Freude, zu der sie führt, ist angekündigt.

Der von der Liebe umgewandelte Mensch stammt aus Gott, geht voran auf seinem Weg und wird geführt von seinem Gesetz. Am Schluß dieses Briefes dringt Bernhard erneut darauf, daß die leibliche Dimension respektiert und nicht unterdrückt, sondern verwandelt wird: Die „fleischliche" Liebe wird hineingenommen in die geistliche Liebe; wir werden befreit von der Knechtschaft des Fleisches – der *carnis necessitudo* – und tauchen ein in den „Strom der Erquickung" (vgl. Ps 46,5).

Was viele Autoren aus dem Mönchtum des 12. Jahrhunderts miteinander verbindet, ist der hohe Stellenwert, den der Leib in ihrem Denken einnimmt. Viele ihrer Traktate über die Seele sind zugleich Abhandlungen über die Beziehung zwischen Seele und Leib. Wilhelm von Saint-Thierry zum Beispiel verfaßte eine kleine Schrift *Über die Natur (*physica*) der Seele und des Leibes*. Hildegard von Bingen schrieb sogar Werke über Anatomie. Den Autoren ging es dabei nicht nur um den Leib als solchen, sondern um die leibliche Dimension der menschlichen Person, um die „Leiblichkeit", also nicht um eine abstrakte Wirklichkeit, sondern darum, daß wir nicht nur einen Leib haben, sondern in einem Leib und mit einem Leib leben, daß wir Leib *sind*, ebenso wie wir Geist sind.

In diesem Kontext muß man die Abhandlung des heiligen Bernhard *De diligendo Deo* sehen. Die Gottesliebe ist keine Verpflichtung, die von außen auferlegt wird, sondern eine Notwendigkeit, ein inneres Bedürfnis, das zur Natur des Menschen gehört und dem Wesen Gottes entspricht. Bernhard spricht über das Warum dieser Liebe und wie man sie leben kann.

Bernhard-Kenner haben die Stichhaltigkeit seiner Lehre angesichts der Thesen der neueren Anthropologie – von Heidegger, Merleau-Ponty, Ricoeur, Vergote und Levinas – unterstrichen. Die Uneigennützigkeit, die er in seinem Brief 11 herausgestellt hat, wird heute mit Begriffen wie Unentgeltlichkeit oder Verdanktsein ausgedrückt. Der Mensch ist gekennzeichnet durch seine Bedürftigkeit, von den grundlegenden Bedürfnissen – wie Nahrung, Kleidung usw. – bis hin zu seiner Sehnsucht nach Gott. Die Fähigkeit, ja das Bedürfnis des Menschen, Gott zu lieben, gibt ihm die Möglichkeit, seine Endlichkeit zu übersteigen, sich auszustrecken nach den unendlichen Dimensionen Gottes. Diese Sehnsucht bewirkt, daß man Gott allein sucht und alles Übrige in ihm, für ihn, um seinetwillen und im Blick auf ihn. So wird man immer mehr eins mit ihm. Dieser Prozeß uneigennütziger Liebe schreitet immer weiter voran: Er erfordert eine beständige Umkehr, die eine gewisse Loslösung vom Ich mit sich bringt und zu einer vollständigen Verwandlung des Seins führt. Die Endlichkeit des Menschen ergibt sich daraus, daß er in dem existiert, was die Bibel „Fleisch" nennt, im Leib mit seinen Bedürfnissen und Schwächen. Doch der Leib ist zugleich der Ort, wo der Mensch die Gegenwart Gottes, sich selbst und die anderen erfährt. Gott lieben mit dem ganzen Sein – „aus ganzem Herzen, aus ganzer Seele und mit all unseren Kräften" – heißt, ihn auch mit dem Leib lieben.

Der Leib muß durch die Umkehr immer mehr verwandelt werden, bis hinein in die Herrlichkeit der Vereinigung mit Gott. Diese erlangt er durch die Auferstehung, durch welche seine endliche Natur verklärt wird: Die Leiblichkeit wird nicht aufgehoben, sondern hineingenommen in die Liebe, die nun unbegrenzt ist. Man beginnt damit – und zwar ganz legitim –, daß man sich selbst liebt, was Bernhard die „fleischliche" Liebe nennt. Wenn wir im Licht Gottes verstanden haben, daß die Armseligkeit allen gemeinsam ist, tun wir den Schritt zum Mitleiden mit allen, zur „sozialen" Liebe. Von diesen Formen der Liebe geht nichts verloren, sondern sie werden verherrlicht in der vollkommenen, unendlichen und ewigen Liebe, von der einige Menschen aufgrund einer außergewöhnlichen Gnade Gottes schon in diesem Leben einen Vorgeschmack erfahren können.

Unsere Endlichkeit ist gezeichnet von der Neigung zur Sünde – das heißt vom Eigeninteresse, vom Egoismus –, was die Schrift und die Tradition Begehrlichkeit genannt haben. Aber diese sitzt nicht im Fleisch, sondern im Herzen. Es ist das Herz mit seiner ganzen Fähigkeit zum Lieben, das geläutert, bekehrt, von der Eigenliebe befreit und auf Gott hin orientiert werden muß. Das kann nur die Gnade bewirken.

Auszüge aus dem Werk „De diligendo Deo":

„Ich nenne die Liebe deshalb makellos, weil sie nichts von ihrem Besitz zurückzuhalten pflegt. Wer nämlich nichts Eigenes mehr hat, dessen ganzer Besitz gehört Gott; was aber Gott gehört, kann nicht unrein sein. Das unbefleckte Gesetz des Herrn also ist die Liebe, die nicht sucht, was ihr nützt, sondern was vielen nützt. Gesetz des Herrn aber wird sie genannt, weil er selbst danach lebt und weil keiner etwas davon besitzen kann außer durch Gottes Geschenk. Glaubt nun nicht, daß ich etwas Absurdes gesagt habe, als ich behauptete, daß Gott selbst nach einem Gesetz lebt, denn dieses Gesetz ist nichts anderes als die Liebe. Was bewahrt denn in der höchsten, seligen Dreifaltigkeit jene erhabene und unaussprechliche Einheit, wenn nicht die Liebe? Die Liebe ist also ein Gesetz, sie ist das Gesetz Gottes, das gewissermaßen die Dreifaltigkeit in Einheit zusammenhält und sie bindet durch das Band des Friedens.
Niemand möge glauben, daß ich die Liebe hier als eine Eigen-

schaft oder als etwas Hinzukommendes auffasse; sonst würde ich sagen – was ferne sei –, daß es in Gott etwas gibt, das Gott nicht ist. Die Liebe ist vielmehr das Wesen Gottes. Dies ist weder neu noch ungewöhnlich, da ja schon Johannes sagt: ‚Gott ist die Liebe!' (1 Joh 4,8) Mit Recht wird also gesagt, daß die Liebe sowohl Gott ist als auch Gottes Gabe. So schenkt die Liebe die Liebe: Die wesenhafte Liebe schenkt die als Eigenschaft hinzukommende Liebe." (*Dil.* 35)

„Auch wenn es den Ungläubigen verborgen ist, so ist es doch für Gott ein Leichtes, die Undankbaren zu beschämen durch seine unzähligen Wohltaten, die er den Menschen zu ihrem Nutzen gewährt und ihren Sinnen kundmacht. Denn wer sonst gewährt Speise allen Essenden, Licht den Schauenden, Luft den Atmenden? Doch es wäre töricht, all diese Gaben aufzählen zu wollen, von denen ich sagte, daß sie unzählbar seien. Es genügt, als Beispiel das Wichtigste genannt zu haben: das Brot, die Sonne, die Luft. Ich sagte: das Wichtigste, aber nicht, weil es hervorragender, sondern weil es notwendiger ist, denn es betrifft den Leib. Die höheren Güter aber soll der Mensch in jenem Teil seiner selbst suchen, der über ihn hinausragt, nämlich in der Seele. Diese Güter sind: Würde, Erkenntnis, Tugend. Unter der Würde verstehe ich beim Menschen seinen freien Willen, durch den er die anderen Lebewesen nicht nur überragt, sondern auch zu beherrschen vermag. Erkenntnis nenne ich das, wodurch er eben diese Würde in sich erkennt, als etwas jedoch, das er nicht aus sich selbst hat; Tugend schließlich nenne ich das, wodurch er eifrig den sucht, von dem er sein Dasein hat, und ihn mit aller Kraft festhält, wenn er ihn gefunden hat . . .
Selbst welcher Ungläubige wüßte nicht, daß ihm in diesem sterblichen Leben die oben genannten Dinge – durch die er am Leben erhalten wird, durch die er sieht und atmet – von keinem anderen gewährt werden als von dem, der allen Geschöpfen Nahrung gibt, der seine Sonne aufgehen läßt über Guten und

Bösen und es regnen läßt über Gerechte und Ungerechte? Welcher Mensch könnte, auch wenn er keinen Glauben hat, jene menschliche Würde, die in seiner Seele aufleuchtet, einem anderen Urheber zuschreiben als dem, von dem es in der Genesis heißt: ‚Laßt uns den Menschen machen als unser Abbild, uns ähnlich‘ (Gen 1,26)? Wer könnte jemand anderen für den Spender der Erkenntnis halten, wenn nicht gerechterweise den, der die Menschen Erkenntnis lehrt? Wer wiederum könnte glauben, daß die Gabe der Tugend ihm von woanders gegeben sei, oder hoffen, sie von woanders zu erhalten als von der Hand des Herrn aller Tugenden?“ (*Dil.* 2;7)

Über die Gnade und den freien Willen

In der Abhandlung *De gratia et libero arbitrio* (*Über die Gnade und den freien Willen*), die vor 1128 und kurz nach den *Stufen der Demut* und dem 11. Brief verfaßt wurde, kann man mehrere Ebenen unterscheiden, die eine Abfolge, ein inhaltliches Fortschreiten markieren. Wegen der Vielschichtigkeit der Darlegung hat man schon früh Untertitel eingefügt, die helfen sollen, das Ganze besser zu verstehen. Der Titel ist dem heiligen Augustinus entlehnt.

Den Begriff „freier Wille“ (*liberum arbitrium*) kann man deuten im Sinne von „freie Wahl“, „Wahlmöglichkeit“, „freie Entscheidung“ oder noch besser „freies Einwilligen“. Die wichtigste Quelle Bernhards für diese Schrift ist der Römerbrief, besonders seine grundlegenden Kapitel (5-8) über das Heil in Christus. Schon im ersten Satz des Traktats findet sich eine Anspielung auf Röm 8,8: „Eines Tages, als ich das Werk der Gnade Gottes in mir pries . . .“ Eine interessante Wendung, denn sie zeigt, daß in seiner Theologie alles gleichzeitig von der Schrift und von der Erfahrung ausgeht: Bernhard reflektiert über das, was er erfahren hat. Auf fast jeder Seite findet sich ein Zitat aus dem Römerbrief oder Anspielungen darauf.

Was die Kirchenväter die „Würde des Menschen“ nannten, faßt Bernhard hier unter dem mittelalterlichen Begriff des „Adels“. Der Mensch ist geadelt, weil er von Gott nach seinem „Bild und Gleichnis“ geschaffen ist: Das sind die wesentlichen Merkmale seiner Struktur. Zunächst ist er aufgrund seiner Natur gottebenbildlich. Seinem Willen ist die Freiheit eigen (*Grat.* 28). Durch die „Freiheit der Natur“ (*Grat.* 7,5) unterscheidet er sich von Tieren und Pflanzen (*Grat.* 4). Er ist Gott ähnlich, der Quelle aller Freiheit, und auch den Engeln (*Grat.* 9), die gleichfalls freie Geschöpfe sind. Diese Freiheit der Natur kann nicht verspielt werden, auch nicht nach dem Sündenfall (*Grat.* 9,11-12,32); sie besteht fort im ewigen Leben (*Grat.* 14) und auch in der Hölle (*Grat.* 13).

Mit dem Wort „frei“ meint Bernhard die Fähigkeit der freien Zustimmung, die das Heil ermöglicht: „Erlöst sein heißt einwilligen“ (*Grat.* 2). In dem Begriff „Wille“ kommt die Fähigkeit zu moralischen Entscheidungen zum Ausdruck, durch welche sich die Freiheit des Menschen von der natürlichen Triebhaftigkeit, vom Instinkt, unterscheidet (*Grat.* 3). Die Umsetzung dieser beiden Dimensionen seines „freien Willens“ vollzieht sich im Akt des Wählens (denn der Mensch hat einen Willen) und im Akt des Erkennens (denn der Mensch ist vernunftbegabt) (*Grat.* 3-4). Er kann den moralischen Aspekt seines Handelns erkennen, und er ist „frei von der Notwendigkeit“, das heißt frei von den Impulsen des Instinktes, die ihn drängen könnten, in einem bestimmten Sinn zu handeln. Dies gründet darin, daß er nach dem „Bild Gottes“ erschaffen ist, so daß seine Natur ein Geschenk ist.

Da der Mensch auch nach Gottes Gleichnis geschaffen ist, kommt ein weiterer Aspekt hinzu: Er kann mit seinen natürlichen Gaben Gott erreichen und in ihm seine Erfüllung finden. Diese Gnade setzt unsere natürliche Freiheit frei: Sie ist in diesem Leben „Freiheit der Gnade“ und in der Ewigkeit „Freiheit der Herrlichkeit“ (*Grat.* 6). In diesem Leben kann sie verlorengehen, wie es bei den ersten Menschen der Fall war (*Grat.* 28).

Sie kommt in zweifacher Weise zum Ausdruck: Als „freie Überlegung“ (*liberum consilium*), die durch Christus wiederhergestellt worden ist, erlaubt sie dem Menschen, sich für das Gute zu entscheiden, sie führt ihn und schenkt ihm die „Weisheit“, das heißt die Fähigkeit zu kosten, was gut ist, und sich daran zu erfreuen (*Grat.* 11). Sie befreit von der Sünde, gibt „Macht“ über den Teufel und über das Böse, das in uns ist (*Grat.* 7;20), Mut im Leiden (*Grat.* 13-14) und Barmherzigkeit. Zum anderen schenkt sie als „freies Wohlgefallen“ (*liberum complacitum*) der Freiheit die Freude, nimmt die „Last der Armseligkeit“ und schafft den Übergang vom Gefühl der Endlichkeit zum Glück. Woher kommt dieses „Wohlgefallen“? Der Begriff findet sich auch in der Heiligen Schrift, bei der Taufe und Verklärung Christi: „An ihm habe ich mein Wohlgefallen.“ Auf die Christen, die durch den Heiligen Geist in der Fleischwerdung des Logos Söhne Gottes geworden sind, richtet sich das Wohlgefallen des Vaters, und wie Christus finden sie ihr Wohlgefallen im Vater. So haben sie teil am Leben der gegenseitigen Liebe der Dreifaltigkeit.

Aus dieser tiefgründigen dogmatischen Darlegung ergeben sich für das Verhalten des Christen zwei Konsequenzen: Zum einen kann die Gnade der Bekehrung zu Gott (*Grat.* 27;37) nur durch die Erlösung in der Menschwerdung Jesu kommen (*Grat.* 32): Das fleischgewordene Wort stellt die ursprüngliche Natur des Menschen wieder her (*Grat.* 33). Christus ist die „Form“, das Modell, das Beispiel, das vom Vater kam und zum Vater führt im Heiligen Geist (*Grat.* 35); er stellt die Ordnung wieder her; er ist die ordnende Weisheit im Menschen (*Grat.* 33), im Universum, in der Zeit und im Raum (*Grat.* 37), und er erfüllt alles „mit Kraft und Liebe“ (*Grat.* 34). Zum andern braucht die Gnade Mittel, um den Menschen neu zu machen; es bedarf der Askese, um in das, was Gott für das Heil der Welt gewirkt hat und wirkt (*Grat.* 49), freiwillig einwilligen zu können.

Das ganze Werk Bernhards zeigt diese Konsequenzen auf,

diese Umsetzung des Geheimnisses unter allen Christen, Klerikern wie Laien. Für alle gilt: „Erlöst sein heißt einwilligen". Das Heil ist die Erfüllung eines Bedürfnisses, einer Sehnsucht, einer Möglichkeit, die Gott in den Menschen, sein „Ebenbild", hineingelegt hat und die nur durch die Gnade verwirklicht werden kann. Gott aber will, daß der Mensch daran mitwirkt, indem er Gebrauch macht von seiner Fähigkeit des Erkennens und des Wählens, vom „freien Willen", den er ihm gegeben hat, damit der Mensch seiner Gnade zustimmen kann.

In all diesen Gedanken zeigt sich Bernhards Vertrauen in den Menschen. Für ihn ist der Mensch im tiefsten Wesen gut. Seine Würde, sein Adel, besteht darin, sich aus seiner Schwachheit und seinen Verfehlungen zu bekehren. Als Geschöpf, das von Gott ausgeht und zu Gott zurückkehrt, kann der Mensch durch die Gnade Christi teilhaben am gegenseitigen Wohlgefallen der göttlichen Personen in der Dreifaltigkeit.

Auszüge aus dem Werk
„Über die Gnade und den freien Willen":

„Es gibt drei Arten von Freiheit. Man kann frei sein von der Sünde, vom Elend und von der Notwendigkeit. Von der Notwendigkeit sind wir von Natur aus frei, zur Freiheit von der Sünde werden wir durch die Gnade zurückgeführt, die Freiheit vom Elend aber erwartet uns im himmlischen Vaterland. Nennen wir die erste die Freiheit der Natur, die zweite Freiheit der Gnade und die dritte Freiheit des Lebens oder der Herrlichkeit.

Zuerst sind wir nämlich geschaffen worden zu freiem Willen und willentlicher Freiheit, ein edles Geschöpf vor Gott. Zweitens werden wir in der Unschuld erneuert, eine neue Schöpfung in Christus. Drittens werden wir in die Herrlichkeit erhoben, eine vollkommene Schöpfung im Geiste. Die erste Freiheit hat also viel an Ehre, die zweite sehr viel auch an Tugend, die letzte aber eine Fülle von Seligkeit. Auf Grund der ersten überragen wir alle anderen Lebewesen, durch die zweite unterwerfen wir das Fleisch, und durch die dritte triumphieren wir über den Tod ... In der dritten Freiheit wird Gott uns selber vollständig unterwerfen durch den Sieg über Verderbnis und Tod, am Tag, an dem als letzter der Tod vernichtet wird und wir eingehen in die Freiheit und Herrlichkeit der Kinder Gottes. Durch diese Freiheit wird Christus uns befreien, wenn er uns in seinem Reich Gott, dem Vater, geben wird. Ich glaube, daß er von dieser Freiheit und von der Freiheit von Sünde gesprochen hat, als er zu den Juden sagte: ‚Wenn euch also der Sohn befreit hat, dann seid ihr wirklich frei‘ (Joh 8,36). So zeigte er an, daß der freie Wille eines Befreiers bedarf, der ihn freilich nicht von der Notwendigkeit befreien sollte, die er ganz und gar nicht kannte, da diese Freiheit zum Willen gehörte, sondern von der Sünde, in die er ebenso frei wie willentlich gefallen war, und zugleich von der Strafe für die Sünde, die er sich unbedacht zugezogen hatte und wider Willen ertrug. Von beiden Übeln konnte er nur durch jenen befreit werden, der als einziger von den Menschen unter den Toten frei geworden ist, frei natürlich von der Sünde mitten unter den Sündern.“ (*Grat.* 7)

„Ein einziger unter den Söhnen Adams kann für sich die Freiheit von Sünde in Anspruch nehmen: der, der ‚keine Sünde begangen hat und in dessen Mund kein trügerisches Wort war‘ (1 Petr 2,22). Er war auch frei vom Elend, das die Strafe für die Sünde ist, allerdings nur der Möglichkeit nach, de facto aber nicht. Denn niemand konnte ihm das Leben nehmen, sondern er selbst gab es hin. Schließlich bezeugt der Prophet von ihm: ‚Er ist geopfert worden, weil er es wollte‘ (vgl. Jes 53,7), so wie er von einer Frau geboren wurde, als er wollte: Er unterwarf sich dem Gesetz, um diejenigen zu erlösen, die unter dem Gesetz standen (vgl. Gal 4,5). So unterlag auch er dem Gesetz des Elends, aber weil er selbst es wollte, um frei unter den Elenden und Sündern das doppelte Joch vom Nacken der Brüder abzuschütteln. Er hatte also die drei Freiheiten, und zwar ganz: die erste aus der menschlichen und zugleich aus der göttlichen Natur, die übrigen aus göttlicher Macht.“ (*Grat.* 8)

„Wer richtig denkt, bekennt ein dreifaches Wirken, natürlich nicht des freien Willens, sondern der göttlichen Gnade in oder an ihm. Das erste ist die Schöpfung, das zweite die Erneuerung, das dritte die Vollendung. Denn durch das erste sind wir in Christus geschaffen zur Freiheit des Willens, durch das zweite werden wir durch Christus erneuert zum Geist der Freiheit, mit Christus sollen wir schließlich vollendet werden zum ewigen Leben. Tatsächlich mußte das, was nicht war, durch den geschaffen werden, der war. Durch die Form mußte das Formlose umgeformt werden, und die Glieder konnten nur mit dem Haupt vollendet werden. Wenn Christus, unser Leben, offenbar wird, werden auch wir mit ihm in Herrlichkeit offenbar werden. Die Vollendung muß also an uns oder auch in uns geschehen, aber nicht durch uns; denn auch die Schöpfung wurde ohne uns vollbracht. So wird allein die Erneuerung, die in einem gewissen Sinn wegen unserer freiwilligen Zustimmung geschieht, uns als Verdienst angerechnet werden.
Diese Verdienste sind unser Fasten, unsere Nachtwachen, die Enthaltsamkeit, die Werke der Barmherzigkeit und die anderen Übungen der Tugenden, durch die unser innerer Mensch von Tag zu Tag erneuert wird. Dabei erhebt sich das von irdischen Sorgen geplagte Trachten allmählich aus der Tiefe zur Höhe. Das Verlangen, das durch die Begierden des Fleisches ermattet ist, erstarkt nach und nach zu geistlicher Liebe. Die Erinnerung, die durch die Schande früherer Taten befleckt, durch neue und gute Taten aber gereinigt ist, freut sich täglich mehr. In diesen drei Dingen besteht nämlich die innere Erneuerung: in der Richtigkeit der Absicht, in der Reinheit des Verlangens und in der Erinnerung an das gute Wirken, durch die das Gedächtnis in gutem Gewissen erstrahlt.“ (*Grat.* 49)

Der Mittler

Die ersten Abhandlungen des heiligen Bernhard enthalten bereits im Keim seine ganze spätere Lehre. In all seinen Schriften spricht er fast auf jeder Seite von Jesus Christus. Der Herr bleibt im Mittelpunkt all dessen, was er zu sagen hat über das Geheimnis, durch das sich die Begegnung Gottes mit der Menschheit vollzieht. Das ist im besonderen das Thema seiner *Ansprachen zum Kirchenjahr*, aber auch der zum Hohenlied, in denen er die Liebe besingt, die den Sohn Gottes mit der Kirche wie mit einer Braut verbindet.

Bernhard hat eine klar umrissene und ausgefeilte Christologie, die immer wieder von Theologen untersucht wird. Sie ist jedoch nicht in die Form eines logischen und klaren, leicht zu verstehenden Systems gekleidet. Ihre Elemente sind verstreut in seinem ganzen Werk. Und doch kann man einen zentralen Gedankengang herauskristallisieren, sozusagen den Schlüssel für alles Übrige, der es ermöglicht, die organische Einheit des Ganzen zu ergründen. Da es sich um eine Begegnung zwischen Gott und Mensch handelt, ist der einzige, der diesen Plan vollkommen verwirklicht hat, der, der Gott und Mensch war und bleibt: Jesus Christus, der Mittler. Verschiedene Aspekte seiner Person sind seit jeher Gegenstand der Reflexion der Kirche gewesen: sein Wesen als fleischgewordenes Wort, sein Wirken für das Heil der Menschheit, seine Verkündigung, die uns den Weg zeigt, der im Heiligen Geist zu Gott, zu seinem und unserem Vater, führt. Inkarnation, Erlösung, Ankündigung des Gottesreiches, diese Themen findet man auch beim heiligen Bernhard.

Bernhard übernimmt aus dem Glauben der Kirche all das,

was er als das Wesen des menschgewordenen Wortes betrachtet: die Einheit von Gott und Mensch, was die Tradition unter dem Begriff hypostatische Union gefaßt hat. Bernhard greift dieses Geheimnis auf und vermittelt es weiter. Was die Heilige Schrift, die Kirchenväter und die frühen Konzile dazu gesagt haben, genügt ihm. Er reflektiert nicht im Stil eines Metaphysikers, wie das kurze Zeit vor ihm der heilige Anselm getan hatte. Bernhard stellt nicht spitzfindige Fragen zu häufig nebensächlichen und hypothetischen Details, wie man sie in den Schulen von Laon, Paris und anderen Städten zu diskutieren begann. Er ist Mönch, ein Kontemplativer im Stil seines Zeitgenossen Rupert von Deutz; aber da er genial ist, ist er auch sehr persönlich. Er ist glücklich im Glauben, selbst wenn er uns vor Fragen stellt, auf die der Christ noch keine Antwort weiß.

Über das Erlösungswirken Christi hat Bernhard ausführlich gesprochen. Er bekräftigt dabei den tatsächlichen und nicht nur beispielhaften Wert des Todes Jesu, dessen Bedeutung Abälard, so wie Bernhard ihn verstand, abzuschwächen suchte. Er verkündet, daß in Christus alles zum Heil dient: sein Leben, seine Lehre und sein Tod. Besondere Aufmerksamkeit widmet er der Art und Weise, wie das Geheimnis des fleischgewordenen Wortes, des Erlösers, uns offenbart worden ist und wie es uns ständig mitgeteilt wird, damit wir daran teilhaben können. Bernhard war aber nicht so sehr an scharfsinnigen Gedankengängen interessiert, sondern vor allem an der Praxis dessen, was ihm allein wichtig war: der Liebe. Er möchte vereint sein mit Jesus und den Menschen zeigen, wie sie dahin gelangen können. Sein Denken konzentriert sich daher auf Jesus, der von sich gesagt hat, daß er der Weg ist: der Weg, auf dem Gott zu uns gekommen ist und auf dem wir zu ihm zurückkehren können. Als Mittler hat er uns versöhnt mit dem Vater im Heiligen Geist, und das tut er auch weiterhin. Als Modell hat er uns gezeigt, wie wir ihn nachahmen müssen und können. Bernhard betrachtete die Inkarnation und die Erlösung immer von einem dynamischen Standpunkt aus. Ihm ging es nicht darum, in einer statischen Weise zu erkennen, wer der Gott-Mensch ist; er wollte auch ergründen, wie sich seine Herabkunft und seine Rückkehr zum Vater vollzogen haben und wie wir darin einbezogen sind. Aus diesem Ansatz entwickelt er eine ganz eigene, eine „praktische" Christologie.

Der Vorgang des Abstiegs und Wiederaufstiegs wird von Bernhard dargelegt in seinen Ansprachen zum Kirchenjahr, von der Schöpfung über den Sündenfall, von den prophetischen Ankündigungen des Erlösers bis hin zu seiner Wiederkunft in der Herrlichkeit, in die er uns vorausgegangen ist. In seinem irdischen Dasein hat Jesus solidarisch sein wollen mit uns allen: Er wollte geboren werden wie jeder Mensch, beschnitten werden und Schmerz erfahren, verfolgt werden und sterben am Kreuz; er wollte auferstehen zu einem neuen Leben, schließlich zurückkehren in seine Herrlichkeit und uns den Heiligen Geist senden, der uns die Möglichkeit gibt, ihm zu folgen. In dieser Abfolge von Geschehnissen, den Geheimnissen der Heilsgeschichte, verweilt Bernhard am längsten bei der Himmelfahrt: Da zeigt sich der irdische Christus verwandelt durch den Heiligen Geist; er wird „Christus-Geist". Er steigt auf „für uns", um uns zu lehren, wo und wie wir ihn suchen sollen: in seiner Herrlichkeit. Das ist hier nur möglich im „Schatten" des Glaubens und der Sakramente . . .

Mehr als die Umstände, die diesen göttlichen Weg kennzeichnen, betont Bernhard die beiden entscheidenden Punkte: für das Herabsteigen die vollkommene Erniedrigung Gottes, der einer von uns wird; für den Wiederaufstieg die Herrlichkeit, die unserer Natur im auferstandenen Christus mitgeteilt wird. Jesus war in seinem fleischlichen Sein, das jetzt verwandelt ist, eins mit dem Vater. Deshalb sollen wir „das Wort, das Weisheit ist, das Wort, das Gerechtigkeit ist, das Wort, das Wahrheit ist, das Wort, das Heiligkeit, Erbarmen, Tugend ist, anbeten". Aber weil Jesus ganz eins hat werden wollen – nicht mit unserer Sünde, sondern mit unserem menschlichen Sein –, hat er sich erniedrigt bis zur Erfahrung unserer Grenzen.

Über diesen Punkt denkt der heilige Bernhard immer wieder nach. Ihm liegt daran zu zeigen, daß das fleischgewordene Wort tatsächlich die Erfahrung des Menschseins gemacht hat. Der Begriff „Erfahrung" taucht sehr häufig auf, wenn er vom inneren Leben Jesu spricht. In dem Traktat *Über die Stufen der Demut und des Stolzes* läßt er uns teilnehmen an seiner Reflexion über dieses Thema. Er beginnt damit, daß er den zweifachen Charakter der Herabkunft des Logos in unser menschliches Sein darlegt: sein ganzes Verhalten war vorbildlich, er hat leiden wollen, um zu wissen, was das heißt: „mit-leiden". Wieder treffen wir auf eines der Wortspiele, die Bernhard so liebt: Um die „Barmherzigkeit" *(misericordia)* erfahren und leben zu können, wollte er teilhaben an unserer „Armseligkeit" *(miseria)* nach dem Wort im Hebräerbrief (5,8): „Er hat durch Leiden den Gehorsam gelernt." „Er hat gelernt" *(didicit)*: nicht nur den Gehorsam, sondern auch das Mitleid. „Ich sage nicht, daß er vorher nicht gewußt hätte, was Mitleid ist, denn seine Barmherzigkeit währt von Ewigkeit zu Ewigkeit. Aber was er in seiner göttlichen Natur von aller Ewigkeit her kannte, hat er in der Zeit aus Erfahrung gelernt." Bernhard sieht einen Einwand voraus: Der zitierte Text könnte nämlich so interpretiert werden – und so geschah es auch –, als ginge es dabei um das, was Christus in seinem Leib, der Kirche, dessen Haupt er ist, erfahren hat, und nicht in sich selbst. Bernhard gibt darauf seine Antwort. Er zitiert einen anderen Text aus dem Hebräerbrief, wo es heißt: „Darum mußte er in allem seinen Brüdern gleich sein, um ein barmherziger und treuer Hoherpriester vor Gott zu sein" (Hebr 2,17). Dies kann nun nicht auf die Kirche bezogen werden, deren Haupt Christus ist: Er hat wirklich unsere ganze Armseligkeit, mit Ausnahme der Sünde, erfahren wollen. „Bedenkt, daß der Zusammenhang deutlich macht, daß Christus werden wollte wie wir. Er wollte an unseren Armseligkeiten teilhaben, um uns nahe zu sein, er wollte jegliche Erkenntnis erlangen, und zwar aus der Erfahrung", dank „seiner Augen und Ohren aus Fleisch" und all seiner „körperlichen

Sinne". Das Werk seiner Liebe, die voller Zärtlichkeit ist, hatte seinen Ursprung in seiner ewigen Barmherzigkeit, und es fand seine Erfüllung in der Barmherzigkeit, die er uns in seinem Menschsein erwiesen hat: Beide waren notwendig für uns. Die ewige Barmherzigkeit hat uns gerettet, aber sie hätte uns nicht die Liebenswürdigkeit und Zärtlichkeit Gottes nahegebracht. Aus dieser Darlegung zieht Bernhard – wie immer – eine praktische Konsequenz: Wie uns Paulus ermahnt, sollen wir allen Gutes tun mit wohlwollender und feinfühliger Liebe.

Im Rahmen dieser Diskussion zitiert Bernhard den Vers aus dem Markusevangelium (13,32), der unter den Exegeten als „Logion des Unwissens" bekannt ist, das Wort, in dem Jesus sagt, daß er nicht im voraus die Stunde des Urteils kenne. Bernhard äußert dazu: „Ich glaube nicht, daß er sagen wollte, daß er die Stunde absolut nicht kennt, sondern es gab in ihm eine gewisse Unwissenheit in dem Bereich, den er nicht aus Erfahrung lernen konnte." Später, zu einem unbestimmten Zeitpunkt, bereut Bernhard, daß er dadurch gesagt habe, es hätte in Christus eine gewisse Unwissenheit gegeben. Viele Theologen haben seither gedacht, wie er zunächst gedacht hatte. Trotzdem hielt er es für seine Pflicht, dem schon vorbereiteten Text seines Traktats *Über die Stufen der Demut und des Stolzes* einen Widerruf vorausgehen zu lassen: Er bezichtigt sich darin selbst eines „Irrtums". Das zeigt, daß er nicht nur die Demut, die er lehrte, praktizierte, sondern auch nicht aufhörte, über das Geheimnis Christi und seine Liebe zu uns nachzudenken. Auch wenn er seine Meinung über die Auslegung dieses Verses der Heiligen Schrift ändert, beharrt er weiter auf der Tatsache, daß Christus unsere Armseligkeit aus Erfahrung kennengelernt hat.

Jesus ist unser Vorbild in der Erfahrung seines ganzen Lebens, in seinem Tod und in seiner Verherrlichung. Das hat zur Konsequenz, daß auch wir ihm mit unserer Erfahrung nachfolgen müssen: Wir sollen nicht nur äußerlich seine Handlungen wiederholen, sondern uns ihnen innerlich angleichen. Das setzt voraus, daß wir sein Leben betrachten und meditieren, um die tiefe Bedeutung seines Tuns gut zu verstehen. Wir können ihm gleichförmig werden, wenn wir Gottesdienst feiern und die Sakramente empfangen, die Christus in der Kirche gegenwärtig werden lassen; wenn wir uns konkret so verhalten, wie er es durch sein Wort und sein Beispiel gelehrt hat.

Bernhard verkündet eine umfassende und tiefe Theologie der Nachfolge Jesu Christi, vor allem in seinen Ansprachen zu den liturgischen Festen, besonders in denen zum Ostergeheimnis, in dem die Inkarnation ihr Ziel erreicht. Die Menschwerdung war ausgerichtet auf die Auferstehung Christi und unsere Auferstehung. Sein Tod hat aus unserem Tod – und aus unserer Abtötung – ein Mittel des Übergangs gemacht von unserer Seinsweise als Sünder zum Leben nach dem Geist. Indem wir ihn nachahmen, folgen wir Christus auch in die Herrlichkeit. Es gibt einen wunderbaren inneren Zusammenhang zwischen dieser Christologie des Bernhard und seiner Theologie vom Menschen, worauf wir noch einmal zurückkommen werden.

Der Erlöser

„Im Werke unseres Heils fallen mir vor allem drei Dinge auf: die Erniedrigung, auf die Gott sich eingelassen hat, indem er sozusagen leer wurde von sich selbst; das Maß der Liebe, die er erwiesen hat bis zum Tod, ja bis zum Tod am Kreuz; das Sakrament der Erlösung, durch das er den Tod vernichtet hat, indem er sich ihm unterwarf. Ohne dieses letzte Element würden die ersten beiden in der Luft hängen. Sicher ist das Beispiel der Demut erhaben und notwendig; groß und der Nachahmung würdig ist das Beispiel der Liebe; aber weder das eine noch das andere hat ein Fundament und folglich auch keinen Bestand, wenn die Erlösung fehlt. Mit all meinen Kräften will ich dem demütigen Jesus folgen. Ich habe den Wunsch, ihn zu umarmen; aber ich muß auch das österliche Lamm essen. Wenn ich nämlich nicht sein Fleisch esse und sein Blut nicht trinke, habe ich das Leben nicht in mir. Eine Sache ist es, Jesus zu folgen, eine andere, ihn in die Arme zu schließen, wiederum eine andere, ihn zu essen. Ihm folgen, das empfiehlt sich für das Heil; ihn halten und umarmen, das ist ein Freudenfest; ihn essen ist das selige Leben. Sein Fleisch ist wahrhaft eine Nahrung und sein Blut wahrhaft ein Trank. Er ist das Brot Gottes, das vom Himmel herabgestiegen ist, um der Welt das Leben zu schenken. Welchen Bestand sollte die Freude haben ohne das Leben? Sie wären wie ein Gemälde, dem der Grund fehlt, auf den es aufgetragen werden kann. So sind auch die Beispiele der Demut und die Zeugnisse der Liebe nichts ohne das Sakrament der Erlösung.“ (*Ep.* 190,25)

„Alles an Christus hatte eine große Bedeutung für uns, war heilbringend und notwendig. Seine Schwachheit hat uns nicht weniger genutzt als seine Majestät; denn es ist seine göttliche Macht, die mit einem Wort das Joch der Sünde abgeschüttelt hat, aber es ist die Ohnmacht seines Fleisches, die sterbend die Rechte des Todes vernichtet hat. Daher sagt der Apostel treffend: ‚Das Schwache an Gott ist stärker als die Menschen' (1 Kor 1,25). Auch seine Torheit hatte einen hohen Wert. Durch sie gefiel es ihm, die Welt zu retten, um die Weisheit dieser Welt zuschanden zu machen und die Weisen zu beschämen. Denn obwohl er Gott war, hielt er nicht daran fest, wie Gott zu sein, sondern entäußerte sich und wurde wie ein Sklave (vgl. Phil 2,6-7); er war reich und wurde arm für uns, er war groß und machte sich klein, er war hoch erhaben und erniedrigte sich, er war allmächtig und erfuhr die Ohnmacht; er hatte Hunger und Durst; er war müde vom Gehen; all das und mehr ertrug er – freiwillig, nicht aus Zwang. Wurde diese seine Torheit nicht für uns zum Weg der Klugheit, zum Vorbild der Gerechtigkeit, zum Beispiel der Heiligkeit? Darum sagt der Apostel: ‚Das Törichte an Gott ist weiser als die Menschen' (1 Kor 1,25).

Der Tod Christi befreite uns vom Tod, sein Leben vom Irrtum, seine Gnade von der Sünde. Der Tod Christi brachte den Sieg durch seine Gerechtigkeit; denn der Gerechte erstattete, was er nicht geraubt hatte, und mit vollem Recht gewann er zurück, was er verloren hatte. In seinem Leben aber erfüllte er alles, was ihn betraf, mit seiner Weisheit; für uns ist dies eine Lehre, ein Spiegel für unser Leben und unsere Tugend. Seine Gnade tilgte unsere Sünden durch jene Macht, die bewirkt, was sie will. Daher ist der Tod Christi der Tod meines Todes; denn er ist gestorben, damit ich lebe. Wie sollte der nicht leben, für den das Leben stirbt? Oder wer sollte befürchten, in seinem sittlichen Leben oder in seiner Erkenntnis zu irren, wenn die Weisheit ihn führt? Oder wodurch sollte der noch als schuldig erachtet werden, den die Gerechtigkeit freigesprochen hat? Denn er selbst zeigt sich im Evangelium als das Leben: ‚Ich bin das Leben‘ (Joh 14,6). Und der Apostel bezeugt: ‚Gott Vater hat ihn für uns zur Gerechtigkeit und zur Weisheit gemacht‘ (1 Kor 1,30).“ (*Ad milites Templi,* 27)

Christus auf dem Weg in den Himmel folgen

„Heute verleiht der Vater seinem und des Menschen Sohn jene Herrlichkeit, die dieser bei ihm hatte, noch ehe die Welt entstand (vgl. Joh 17,5). Heute frohlockt der Himmel, weil die Wahrheit, die auf der Erde aufging, ihm wieder zurückgegeben wurde. Heute wird der Bräutigam den Freunden genommen; ihnen bleibt nur noch die Trauer, wie er selbst voraussagte: Die Freunde des Bräutigams konnten nicht trauern, solange der Bräutigam bei ihnen war; doch jetzt ist der Tag gekommen, da er ihnen genommen wird; von nun an werden sie trauern und fasten (vgl. Mt 9,15). Wie steht's mit dem, was du gesagt hast, Petrus? ‚Herr, es ist gut, daß wir hier sind. Laßt uns hier drei Hütten bauen‘ (Mt 17,4). Siehe, Christus ist heimgegangen ‚durch das erhabene und vollkommene Zelt, das nicht von Menschenhand gemacht, das heißt nicht von dieser Welt ist‘ (Hebr 9,11) . . .
Erheben wir also unsere Herzen und Hände zum Himmel, und bemühen wir uns, dem aufsteigenden Herrn mit andächtigen, gläubigen Schritten zu folgen, wenn ich so sagen darf. Es kommt der Tag, wo wir ihm ungehindert und unbeschwert in den Wolken entgegeneilen werden. Dann wird unser vergeistigter Leib vermögen, was jetzt unsere irdische, verleiblichte Seele noch nicht zu tun imstande ist. Denn welche Mühe kostet es jetzt, die Herzen zu erheben! Wir lesen leider zur Genüge im Buch der eigenen Erfahrung, daß der vergängliche Leib die Seele beschwert und das irdische Zelt den Geist belastet (vgl. Weish 9,15).

Vielleicht sollten wir erklären, was es heißt: das Herz erheben, oder wie man es erheben soll. Doch das zu lehren, kommt dem Apostel eher zu als uns. Er sagt: ‚Ihr seid mit Christus auferweckt; darum strebt nach dem, was im Himmel ist, wo Christus zur Rechten Gottes sitzt. Richtet euren Sinn auf das Himmlische und nicht auf das Irdische!' (Kol 3,1f) Damit will er wohl noch deutlicher sagen: Wenn ihr mit ihm auferstanden seid, steigt auch mit ihm auf; wenn ihr mit ihm lebt, herrscht auch mit ihm! Folgen wir, Brüder, ja folgen wir dem Lamm, wohin es geht! Folgen wir ihm im Leiden und in der Auferstehung! Aber noch lieber wollen wir ihm folgen, wenn er zum Himmel auffährt. Der alte Mensch in uns soll mit ihm gekreuzigt und so der Leib der Sünde zerstört werden. Laßt uns in Zukunft nicht mehr der Sünde dienen, nachdem wir unsere irdischen Glieder abgetötet haben. Wenn Christus durch des Vaters Herrlichkeit von den Toten auferweckt worden ist, müssen wir wie er in einem neuen Leben wandeln. Denn dazu ist er gestorben und auferstanden, daß auch wir ‚tot seien für die Sünde und für die Gerechtigkeit leben' (1 Petr 2,24)." (*Ansprache zum Fest Christi Himmelfahrt,* 5,1-3)

Sein Erbarmen mit uns

„Unser Erlöser wollte leiden, um mitleiden zu können; er wollte selbst in einen erbärmlichen Zustand geraten, um sich wirklich erbarmen zu können. Wie von ihm geschrieben steht, daß er ‚durch Leiden den Gehorsam gelernt hat' (Hebr 5,8), so wollte er auch die Erbarmung lernen. Nicht etwa, daß er vorher kein Erbarmen gekannt hätte, denn ‚sein Erbarmen währt von Ewigkeit zu Ewigkeit' (Ps 103,17); aber was er kraft seines Wesens von Ewigkeit her kannte, das wollte er in zeitlicher Erfahrung lernen.
Jesus ‚mußte in allem seinen Brüdern ähnlich werden' (Hebr 2,17), das heißt, es war unbedingt notwendig, daß er wie wir

leidensfähig wurde und alle unsere erbärmlichen Zustände – die Sünde ausgenommen – durchmachte (vgl. Jak 5,17; Hebr 4,15). Wenn du fragst: ‚Wozu war das notwendig?', dann bekommst du zur Antwort: ‚Damit er barmherzig würde' (Hebr 2,16). ‚Denn in dem, worin er selbst gelitten hat und angefochten worden ist, hat er auch Vollmacht, denen, die angefochten werden, zu helfen' (Hebr 2,18). Ich sehe nicht, was man unter diesen Worten Besseres verstehen könnte als dies: Er wollte leiden und angefochten werden, er wollte, ‚ausgenommen die Sünde' (Hebr 4,15), an allen menschlichen Erbärmlichkeiten Anteil haben – und das bedeutet: ‚in allem seinen Brüdern gleich werden' (Hebr 2,17) –, damit er aus eigener Erfahrung lernte, mit denen, die ebenso leiden und angefochten werden, Erbarmen und Mitleid zu haben.
Ich sage nicht, daß er durch diese Erfahrung klüger werden, sondern daß er uns näherkommen wollte. Er hielt es nicht für unter seiner Würde, die schwachen Kinder Adams als Brüder anzunehmen und sie so zu nennen. Sie sollten ihm bedenkenlos ihre Schwächen anvertrauen können. Er konnte sie als Gott heilen und wollte sie zugleich als ihr Bruder heilen. Und weil er das gleiche gelitten hatte, kannte er sie genau. Darum nennt ihn Jesaja ‚den Mann der Schmerzen, der die Schwachheit kennt' (Jes 53,3). Und der Apostel sagt: ‚Wir haben keinen Hohenpriester, der nicht mit unserer Schwachheit mitleiden könnte'. Warum er mitleiden kann, sagt er, indem er anfügt: 'sondern einen, der in allem ähnlich wie wir angefochten worden ist, doch ohne Sünde war' (Hebr 4,15)." (*Grad.* 7-9)

Die Logik seiner Liebe

„Wenn wir uns klarmachen, daß Christus in einer Person zwei Naturen vereint, die eine, aufgrund derer er von jeher war, die andere, nach der er zu sein begann, und daß er in seinem ewigen Sein von jeher alles kannte, aber in seinem irdischen Sein die Erfahrung vieler Dinge in der Zeit gemacht hat, warum zögern wir dann, folgendes Eingeständnis zu machen: Ebenso wie er begonnen hat, in der Zeit zu sein, geschaffen aus Fleisch, hat er begonnen, die Armseligkeiten des Fleisches zu erfahren, nach der Art des Erkennens, welche die Schwachheit des Fleisches lehrt. Unsere ersten Eltern hatten die Weisheit und das Glück, diese Kategorie des Wissens nicht zu kennen. Um sie zu erschließen, mußten sie das Versagen und Unglück durchmachen. Aber Gott, ihr Schöpfer, hat auf der Suche nach dem, was verloren war, Erbarmen gezeigt und sein Werk vollendet: In seiner Barmherzigkeit ist er herabgestiegen bis dahin, wo die waren, die in erbärmlicher Weise gefallen waren. Was sie zu Recht litten, weil sie gegen ihn gehandelt hatten, wollte er in sich selbst erfahren, gewiß nicht aus einer Neigung zur Neugier, sondern aus bewundernswerter Liebe; und nicht um letztlich unglücklich mit den Glücklosen zu bleiben, sondern um barmherzig zu werden und die Unglücklichen zu befreien. Wenn ich sage: Er wird barmherzig, spreche ich nicht von der seligen Barmherzigkeit, die ihm von Ewigkeit her eigen war, sondern von der Barmherzigkeit, die er in unserer fleischlichen Hülle gefunden hat, indem er selbst die Armseligkeit erfuhr. Da hat er das Werk der väterlichen Liebe, das er aus jener ersten Barmherzigkeit heraus begonnen hatte, durch die zweite vollendet; nicht, weil die Barmherzigkeit eines Gottes nicht ausreichen würde, sondern weil sie für uns nicht genügen konnte ohne die zweite Barmherzigkeit, die des Gott-Menschen. Beide sind notwendig, aber die zweite ist die angemessenste. Unsagbare Logik der Liebe! Wie könnten wir uns die wunderbare Barmherzigkeit eines Gottes vorstellen, die nicht durch die Armseligkeit geprägt wurde?“ (*Grad.* 12)

Die Gottesmutter Maria

Es wurde behauptet, Bernhard sei eher ein leidenschaftlicher Verehrer der Gottesmutter als ein Theologe des Geheimnisses Mariens – ein „Mariologe" – gewesen. Ganz so einfach kann man es sich nicht machen, denn Bernhard hat sich durchaus als Theologe über die Mutter Gottes geäußert; allerdings ist seine schriftliche Hinterlassenschaft zu diesem Thema nicht sehr umfangreich: vier Predigten über die Verkündigung, ein Brief (*Ep.* 174) an die Kanoniker von Lyon zum Fest Mariä Empfängnis, die Ansprache zum Fest Mariä Geburt sowie einige Ansprachen zum Fest der Aufnahme Mariens in den Himmel. Hinzu kommen einige kürzere Fragmente und Andeutungen, die in vielen seiner Schriften verstreut sind. Bernhard mußte weder in irgendeiner Kontroverse Stellung beziehen, noch wollte er eine neue mariologische Synthese vorlegen. Doch die wenigen Seiten, die er uns über Maria hinterlassen hat, zeugen von seinem großartigen Stil und seiner tiefen Frömmigkeit, so daß sie Grund genug sind, ihn als „doctor marianus" zu bezeichnen. Nach seinem Tod hat man geistliche Werke verfaßt, die weniger tiefgründig und gefühlsbetonter waren als seine, aber sie wurden unter seinem Namen verbreitet und brachten ihm den entsprechenden Ruf ein.

In einer seiner Ansprachen zum Fest der Aufnahme Mariens in den Himmel hat er Maria nicht einmal erwähnt. Zu diesem Geheimnis wie zu anderen Aspekten der Mariologie hat er wenig Neues hinzugefügt. Er hat Maria nie „unsere Mutter" genannt und nicht gesagt, daß wir „Söhne Mariens" seien. Er mochte keine Übertreibungen. Nie hat er einen Satz geschrieben wie das ihm unterstellte Motto: „Über Maria kann man nie genug sagen“ *(de Maria numquam satis)*. Die Schönheit seiner Mariologie liegt darin, daß fast alle Bilder, die er verwendet, biblischen Ursprungs sind. Er hat Maria immer in die Heilsgeschichte hineingestellt, aber diesen Zusammenhang manchmal in Begriffen gedeutet, die der Feudalkultur seiner Zeit entlehnt waren.

Maria in der Heilsgeschichte

„Aufmerksam nachdenken über all das, was sich aus der Darstellung des Evangeliums ergibt“: Das ist Bernhards methodisches Prinzip. Er findet in dem, was das Neue Testament über Maria sagt, die Erfüllung all dessen, was ihr nach dem Plan Gottes vorausging. Das hat er besonders in seinen Ansprachen über die Verkündigung aufgezeigt. Von Ewigkeit her wollte Gott, daß „seine Herrlichkeit unter uns Wohnung nähme“, wie es im Psalm heißt (vgl. Ps 85,10). Der Sündenfall Adams und Evas hatte dafür ein Hindernis geschaffen. Um anschaulich zu machen, wie dieses Problem gelöst wird, spielt Bernhard uns eine Art „Streitgespräch“ zwischen den Tugenden und Vollkommenheiten vor, die die Bibel Gott zuspricht. Die Lösung, die letztlich gefunden wird, ist die Inkarnation. Die Gerechtigkeit Gottes und seine Liebe sind miteinander versöhnt: „Barmherzigkeit und Wahrheit sind sich begegnet“, wie es in einem Psalm heißt (vgl. Ps 85,11), „Gerechtigkeit und Frieden haben sich umarmt“. Gott sendet seinen Sohn zu den Menschen, und dazu braucht er Maria: Sie ist das Werkzeug, das Bindeglied, durch das sich die Inkarnation verwirklichen kann. Alles in ihrem Leben, einschließlich ihrer Heirat mit Josef, versteht Bernhard als Erfüllung der Prophezeiungen, die den Messias ankündigten.

In diesem Sinn hat Maria tatsächlich Anteil am Werk der universalen Erlösung: Bernhard betrachtet sie immer gleichzeitig im Bezug zu Jesus und zu allen Erlösten: Sie ist Mutter

Gottes zum Wohle aller Kinder Gottes. Ihre göttliche Mutterschaft und ihre Jungfräulichkeit sind ihr nicht als persönliche Privilegien gegeben, sondern als Voraussetzungen für das Heil aller Menschen. Maria steht also immer im Blickfeld der ganzen Geschichte des Volkes Gottes, wie man sie vom Alten Testament her kennt und später im Evangelium und den apostolischen Schriften dargestellt findet.

Mütterliche Mittlerschaft

In der Darstellung der Verkündigung wird Maria als Königin und Mutter vorgestellt, nicht nur Königin oder Mutter, sondern als Mutter eines Sohnes, der der Erbe Davids und der Könige Israels sein wird. Entsprechend einer bei vielen Völkern der Antike bezeugten Erfahrung kann diejenige, die einen Herrscher geboren hat, eine gewisse Macht über ihn ausüben. Sie kann ihm ihre Anliegen vortragen und für diesen oder jenen Untergebenen eintreten. Dieser Gedanke läßt sich auch auf Christus übertragen: Jesus wirkt die Erlösung, aber seine Mutter legt Fürsprache für uns ein. Sie wird zur Mittlerin auf einer neuen Ebene. Um diese Rolle zu verdeutlichen, benutzt Bernhard Begriffe aus dem Bereich des Feudalsystems.

Das *Salve Regina* ist ein Beispiel dafür. Es existierte schon vor Bernhards Zeit als ein Bittgebet. Man „rief" – *ad te clamamus* – zum Herrscher oder zur Königin, zu Gott oder Maria im Falle ernster Gefahr. Bedauerlicherweise wurde diese Formulierung in einem übertriebenen Sinn gedeutet, als ob wir „das Leben" und „die Hoffnung" nicht von Christus, dem Erlöser, bekämen, sondern von seiner Mutter. Bernhard verwendet eine ähnliche Sprache, aber mit größerer Weite und Genauigkeit. Er gibt Maria die Titel einer Königin, einer Frau, einer Mittlerin, einer Fürsprecherin. Er bittet Maria, bei ihrem Sohn Fürsprache einzulegen, und benutzt dabei Worte, die geprägt sind von der Rechtssprache der damaligen Zeit: Sie soll uns

„versöhnen", „empfehlen", „vorstellen", sich dafür einsetzen, daß ihr Sohn gegenüber uns „Verbannten" in unserem „Elend" sein „Erbarmen" walten läßt, er soll die Barmherzigkeit des allmächtigen Königs walten lassen, dessen Mutter sie war und bleibt. Wir sind „Bürger" des „Vaterlandes", auf das wir zustreben. Wir werden dorthin kommen, wenn der Sohn Mariens, der unser „Richter" ist, seine „richterliche Macht" über uns ausübt. Maria hat in Christus die Barmherzigkeit des menschgewordenen Gottes geboren; in diesem Sinne ist sie auch die Mutter der Barmherzigkeit. Aufgrund dieser Eigenschaften ist sie berechtigt, „unsere Sache" vor ihrem Sohn zu vertreten. Durch ihre Fürsprache erreicht sie, daß der Strom der Gnade der Erlösung bis zu uns fließt. Daher vergleicht Bernhard sie auch mit einem Aquädukt.

All ihre Herrlichkeit gründet auf der ihres Sohnes. Sie erwartet keine andere, und wir dürfen ihr keine andere zusprechen. Das ist der Grund, weshalb Bernhard in der Kirche von Lyon kein neues Fest zu Ehren ihrer Empfängnis befürwortete. Bei dem, was später die Lehre von der Unbefleckten Empfängnis werden sollte, fürchtete er, daß eine solche Neuerung Maria „falsche Ehren" zumessen würde, die in der Heiligen Schrift und in der Tradition nicht hinreichend begründet seien. Er stellte sich auch nicht der Frage, ob Maria mit Leib und Seele in den Himmel aufgenommen worden sei, wie es die Kirche später ausdrücklich verkündete. Aber er war sich sicher und glaubte fest daran, daß diejenige, die den Gottessohn zur Welt gebracht hat, verherrlicht ist bei ihm in seiner ewigen Herrlichkeit, wo sie weiter als Fürsprecherin für uns wirkt.

Die Frau im Kranz der zwölf Sterne

Maria ist nicht nur die erste unter den Erlösten, sie ist für uns auch Vorbild darin, wie sie auf den Ruf Gottes geantwortet hat. Sie tat es vor allem aus ihrem Glauben. So konnte sie bei der

Verkündigung ihr volles Ja sagen. Wir wissen um die Bedeutung, die Bernhard dem beimißt, was die Gottebenbildlichkeit des Menschen ausmacht: seine Freiheit. Maria zeigt in vollkommener Weise, wie der Mensch ganz in den Willen Gottes einwilligen kann. Sie hatte sehnsüchtig das Kommen des Messias erwartet. Als Gott ihr anträgt, seine Mutter zu werden, sagt sie ihr Ja, ihr *Fiat*, zu diesem Geheimnis und all dem, was es von ihr erfordern würde. Zwischen ihr und Gott blieb von da an eine vollkommene innere Übereinstimmung. Der Sohn Gottes und sie wurden eins in einem einzigen Fleisch, sie brachte mit ihrem Leib den Gottmenschen zur Welt.

Erwählt, die Mutter ihres Gottes zu sein, spricht sie von sich als „seine Magd". Die Größe ihrer Demut entspricht der Würde, die Gott seiner jungfräulichen Mutter verleiht. Sie tritt ganz in den Hintergrund. Bernhard bewundert in ihr die Tugenden, für die ihn die monastische Tradition besonders empfänglich gemacht hat: ihr Schweigen, ihren Gehorsam, ihren Verzicht auf all das, was nicht dem Willen Gottes entspricht. Bernhard sieht in der Hochzeit von Kana das Sinnbild unserer Vereinigung mit Christus: Im Himmel werden wir wie bei einem ewigen Hochzeitsmahl den Wein der Liebe Gottes trinken. Schon jetzt bekommen wir diesen Wein der Liebe, die uns stärkt auf unserem Weg zu Gott. Wie in Kana erweist sich Maria auch heute als Quelle der Güte. Sie möchte, daß unsere Freude vollkommen sei. Auf alle mögliche Weise bekundet sie die Liebe, von der ihr ganzes Wesen durchdrungen ist. Maria war auf besondere Weise verbunden mit dem Leiden ihres Sohnes. Als Zeugin seiner Passion hat sie unter dem Kreuz ein inneres Martyrium durchlitten.

Die Mariologie des heiligen Bernhard gebraucht fast immer biblische Begriffe, sie ist ganz im Stil und in der Tradition der Kirchenväter und der Liturgie gehalten. Sie ist eindeutig christozentrisch. Sein ganzes marianisches Credo hat Bernhard im Bild der zwölf Sterne zusammengefaßt, die Maria schmücken wie der Kranz der Frau in der Offenbarung (vgl. Offb 12,1).

Wie Maria zu ehren ist

„Ihr sagt, es sei richtig, der Mutter des Erlösers alle nur erdenklichen Ehren zu erweisen. Ihr habt voll und ganz recht, aber die Verehrung der Königin erfordert die Gabe der Unterscheidung. Die königliche Jungfrau, erfüllt mit wahren Ehrentiteln und geschmückt mit berechtigten Würden, bedarf keiner umstrittenen Ehren. Verehrt die Reinheit ihres unversehrten Leibes, die Heiligkeit ihres Lebens; bewundert ihre fruchtbare Jungfräulichkeit; verehrt ihre göttliche Nachkommenschaft. Ehrt sie, die empfangen hat, ohne die Begehrlichkeit des Fleisches zu kennen, die niedergekommen ist, ohne Schmerzen zu erleiden. Lehrt, daß die Engel sie verehren, daß die Völker sie erwartet haben, daß Patriarchen und Propheten sie ankündigten, daß sie erwählt worden ist aus allen und allen vorgezogen wurde. Feiert in ihr diejenige, die Gnade fand, die Mittlerin des Heils, die durch die Jahrhunderte hindurch wirkt. Preist sie, die im Himmelreich mehr gepriesen wird als die Chöre der Engel. Das ist es, was die Kirche von ihr verkündet und was sie mir zu verkünden geboten hat. Ich meinerseits glaube und verkündige standhaft alles, was ich von der Kirche empfangen habe. Ich gestehe, daß ich alles andere nur schwerlich zulassen würde. Die Kirche hat mich gelehrt, daß feierlich der Tag begangen werden soll, an dem die Jungfrau von dieser sündigen Welt genommen wurde und der festlichen Jubel und höchste Freuden bis in den Himmel gebracht hat. Und die Kirche war es, von der ich lernte, daß die Geburt Mariä ebenfalls als ein Festtag betrachtet werden sollte; denn ich glaube ganz fest mit der Kirche, daß Maria vom Schoß ihrer Mutter an die Gnade empfangen hat, heilig geboren zu werden." (*Ep.* 174,2-3)

Gebet an Maria

„Unsere Frau, unsere Mittlerin, unsere Fürsprecherin,
versöhne uns mit deinem Sohn,
empfiehl uns deinem Sohn,
stell uns vor deinen Sohn.
Weil du, Gebenedeite, Gnade gefunden hast,
weil du vor allen anderen auserkoren bist,
weil du uns die Barmherzigkeit geboren hast,
lege Fürbitte für uns ein!
Er wollte voll Huld durch dich
an unserer Schwachheit und Armseligkeit teilhaben,
er möge auch uns durch dich teilhaben lassen
an seiner Herrlichkeit und Seligkeit:
Jesus Christus, dein Sohn, unser Herr."
(*Ansprachen zum Advent,* 2,5)

Quell der Güte

„‚Als der Wein ausging, sagte die Mutter Jesu zu ihm: Sie haben keinen Wein mehr' (Joh 2,3). Sie, die Barmherzige, die Gütigste, hatte Mitleid mit der Verlegenheit der Brautleute. Was sollte auch anders aus dem Quell der Güte hervorsprudeln als Güte? . . . Mit wieviel Güte also erfüllte die Kraft der Güte jenen Leib, in dem sie neun Monate lang geruht hat! Sie erfüllte den Geist noch früher als den Leib, und als sie aus dem Leib hervorging, ist sie vom Geiste nicht gewichen. Die Antwort, die der Herr seiner Mutter gab, mag etwas zu hart und streng erscheinen. Doch er wußte, zu wem er sprach, und auch sie wußte genau, wer sprach. Wie sie die Antwort aufnahm und wieviel sie von der Güte ihres Sohnes erwartete, zeigen ihre Worte an die Diener: ‚Was er euch sagt, das tut' (Joh 2,5)."
(*Ansprache zum ersten Sonntag nach der Oktav von Epiphanie,* 1,2)

„,Auf ihrem Haupt trägt sie eine Krone mit zwölf Sternen' (Offb 12,1). Wahrhaftig, ihr Haupt ist wert, mit Sternen gekrönt zu sein. Es leuchtet ja weit heller als die Sterne und könnte eher sie schmücken als umgekehrt. Warum sollten nicht Sterne sie krönen, die von der Sonne umkleidet ist? Wie Rosenblüten in den Frühlingstagen, wie die Lilien an den Wasserbächen, so zieren sie die Sterne. Die Linke des Bräutigams ruht unter ihrem Haupt, und seine Rechte umfaßt sie. Wer könnte jene Edelsteine schätzen, wer die Sterne nennen, aus denen Marias Königsdiadem gefügt ist? Es geht über Menschenkraft, den Sinn dieser Krone zu deuten und ihr Gefüge zu erklären. Ich bin mir bewußt, wie klein ich bin, und hüte mich davor, die verborgenen Geheimnisse Gottes ergründen zu wollen; dennoch glaube ich sagen zu können, daß diese zwölf Sterne für die zwölf Gnaden stehen, die Maria vorbehalten sind. Denn Maria besitzt Vorzüge des Himmels, Vorzüge des Leibes und Vorzüge des Herzens. Und wenn man diese Dreizahl mit vier multipliziert, so erhalten wir vielleicht jene zwölf Sterne, durch die das Diadem unserer Königin alle Sterne überstrahlt. Ich sehe ein einzigartiges Glühen und Leuchten: 1. in der Geburt Marias; 2. im Gruß des Engels; 3. in der Überschattung durch den Heiligen Geist; 4. in der unaussprechlichen Empfängnis des Sohnes Gottes. Ebenso leuchtet es wie Sternenpracht aus folgendem: 1. Maria trägt das Banner der Jungfräulichkeit; 2. sie vereinigt Mutterschaft und Jungfräulichkeit; 3. sie ist schwanger ohne Beschwernis; 4. ohne Schmerzen schenkt sie dem Kind das Leben. Außerdem strahlt aus Maria in ganz besonderem Glanz: 1. zarte Scham; 2. gottergebene Demut; 3. hochherziger Glaube; 4. das Martyrium des Herzens. Ich überlasse es eurem Eifer, diese Sterne einzeln genauer zu betrachten, und begnüge mich mit dieser kurzen Erklärung." (*Ansprache zum Sonntag in der Oktav von Marias Aufnahme in den Himmel*, 7)

Das Geheimnis der Kirche

Das Erlösungswerk Christi ist in dieser Welt gegenwärtig in seiner Kirche, die aus seinem Geist lebt und am Geheimnis Gottes teilhat. Aber die Kirche besteht aus begrenzten Menschen, und die dadurch gegebenen Probleme sind ihr vertraut. Bevor die Kirche eine hierarchisch geordnete Institution ist, ist sie ein lebendiger Organismus, beseelt vom Leben des dreifaltigen Gottes. Sie ist Bildnis der Dreifaltigkeit, der Einheit in der Verschiedenheit. Aus der Menschwerdung des Gottessohnes resultiert ihr zweifacher Charakter: Die Kirche ist gleichzeitig bereits ewig und noch im Werden. Auf der Zeitlichkeit gründet das, was in ihr der Vergänglichkeit und Veränderlichkeit unterworfen ist.

Die Lehre Bernhards über die Kirche leitet sich ab aus seiner Trinitätslehre und aus seiner Christologie. Von seinen ersten Schriften an hat er für die Kirche die bräutliche Symbolik verwendet, und er tat das bis zu seinen *Ansprachen über das Hohelied*: „Nicht nur für einen einzigen Menschen hat Christus so viel getan und erlitten, als er das Heil auf Erden verwirklichte: Er tat es, um viele Menschen in einer einzigen Kirche zu vereinen und daraus seine Braut zu machen" (*Cant.* 68,4). Das war möglich aufgrund seiner Göttlichkeit: „Die Göttlichkeit des Bräutigams birgt von Natur aus die absolute Einfachheit in sich, die es ihm erlaubt, auf die Vielen zu schauen, die eins sind, und auf ihre Einheit in der Verschiedenheit: Seine Aufmerksamkeit wird nicht beeinträchtigt durch die große Zahl; er ist weder geteilt noch eingeschränkt durch das Interesse, das er dem einzelnen entgegenbringt" (*Cant.* 69,2). Das fleischgewordene Wort verdankt diese Fähigkeit zur universalen Liebe der

Einheit unter den Personen der Dreifaltigkeit. Diese Einheit ist in Gott im Einklang mit der Verschiedenheit. Jede der göttlichen Personen unterscheidet sich von den anderen, ist aber in Einheit mit ihnen. Aus dieser Einheit geht die Liebe hervor, die Gott mit dem einzelnen und mit allen Menschen und auch die Menschen untereinander verbinden kann (vgl. *Cant.* 71,8-10). In gleicher Weise herrscht in der Kirche Einheit in der Verschiedenheit. Die Einheit der Menschen ist eine Teilhabe an der Einheit der göttlichen Personen. In Gott – wie unter den Menschen – ist das Band dieser Einheit die Liebe, nach dem Wort des heiligen Johannes: „Wer in der Liebe bleibt, bleibt in Gott, und Gott bleibt in ihm" (1 Joh 4,16; vgl. *Cant.* 71,8).

Christus hat alle Menschen geliebt und erlöst. Aus denen, die seine Gabe, das Geschenk seines Geistes annehmen, bildet er seine Kirche. Diese existiert aber nicht abstrakt; sie besteht in konkreten Personen. Jede von ihnen steht in Gemeinschaft mit allen anderen Gliedern Christi. Bernhard unterstreicht damit, daß „jeder von uns und wir alle gemeinsam Kirche sind". Auf dieser Natur der Kirche als Gemeinschaft gründet für jedes ihrer Glieder die Pflicht und die Gabe, in der Liebe zu leben. Jeder muß „allen Gutes tun", ohne Ausnahme, selbst seinen Feinden, indem er ihnen je nach der Situation materiell oder geistlich beisteht. Er soll durch seine Barmherzigkeit nicht nur das Haupt oder die Füße salben, sondern „den ganzen Leib, die Kirche" (*Cant.* 12,7). „Was der Kirche in einem ihrer Glieder fehlt, hat sie in einem anderen ... Auch wenn sich keiner von uns die Auszeichnung, Braut des Herrn zu sein, anmaßen kann, so haben wir doch, da wir zur Kirche gehören ..., Anteil an ihrer Würde. Was wir alle gemeinsam besitzen, daran hat jeder einzelne Anteil. Dank sei dir, Herr, daß du uns in deiner Kirche zusammengeführt hast" (*Cant.* 12,11). In diesem grundlegenden Text über die Kirche wird der einzelne innerhalb der Gemeinschaft gesehen, deren Glied er ist.

Bernhard weitet die universale geistliche Gemeinschaft auch auf die Engel aus. Er meditiert über eines der schönsten Bilder des Neuen Testaments: „Ich sah die heilige Stadt, das neue Jerusalem, von Gott her aus dem Himmel herabkommen; sie war bereit wie eine Braut, die sich für ihren Mann geschmückt hat" (Offb 21,2). Der Bräutigam ist gekommen, um sich unter den Menschen eine Braut zu suchen; aber er hatte bereits eine, die aus der Schar der Engel gebildet war. Hat er nun zwei Bräute? Nein, es ist ein- und dieselbe. Was sie eint, ist die Übereinstimmung des Willens der Engel und der Menschen mit dem Bräutigam (*Cant.* 27,6). So ist die „Braut" die Gesamtheit aller Engel und Menschen aller Zeiten, die dem Bild des Bräutigams entsprechen und mit ihm vereint sind. Keiner von ihnen kann isoliert für sich, ohne die anderen, mit Christus vereint sein.

Die Einheit der Kirche, der Braut Christi, schafft den Zusammenhalt all derer, die Anteil haben an ihrem Geheimnis und sich verschiedenen Aufgaben widmen. Alle erfüllen ihre Aufgaben im Dienst an dem einen Bräutigam. Es gibt keinen Widerspruch zwischen der Kirche als Gemeinschaft und der Kirche als Institution. Bernhard schwächt in keiner Weise den Wert der notwendigen Organisation ab, doch diese soll im Dienst der gegenseitigen Liebe stehen, die all ihre Glieder eint. Daher kann die Braut sagen: „In mir hat er eine Ordnung der Liebe geschaffen. Das hat sich verwirklicht, als er der Kirche einige als Apostel, andere als Propheten, als Evangelisten, Hirten und Lehrer zur Vervollkommnung der Heiligen gegeben hat. Wichtig aber ist, daß die gleiche Liebe all diese verbindet und eint in dem einen Leib Christi, was unmöglich wäre, wenn der Leib selbst keine Ordnung hätte." Wenn nämlich jeder sich nach eigenem Gutdünken irgendeiner Aktivität hingeben würde, „hätte man keine Einheit, sondern ein Durcheinander" (*Cant.* 49,5).

Ein weiterer Aspekt des gleichen Geheimnisses liegt in der Verbindung von Zeit und Ewigkeit. Die Kirche-Braut lebt in der menschlichen Geschichte, hat aber bereits Anteil an der ewigen Herrlichkeit ihres Bräutigams. Außerdem „trösten zwei Dinge die Kirche in ihrem Exil: das Gedächtnis des Leidens Christi und die freudige Verheißung, daß sie auf den Tod Christi gegründet ist“ (*Cant.* 62,1). Eine Erwartung, die nicht zur Passivität verleiten darf, sondern dazu anspornen soll, immer mehr Anteil zu haben an der Herrlichkeit, bis wir vollständig „umgewandelt“ werden. Schon auf Erden sollen wir Christus „gleichförmig werden“. Bernhard verwendet die dichte Formulierung: *transformamur cum conformamur*. Die Gegenwart ist bereits Beginn, Vorwegnahme der Ewigkeit.

Gegenseitiges Dienen

Bernhards ganzes kirchenpolitisches Wirken ist eine Umsetzung seiner Lehre über den Vorrang der Liebe. Sie muß sich in den beiden Bereichen menschlichen Handelns manifestieren: im Gebetsleben, das uns teilhaben läßt an der Kontemplation der Dreifaltigkeit, an der Kontemplation Christi, der auf seinen Vater schaut im Heiligen Geist, und im uneigennützigen Dienst an den Menschen. In diesen beiden Bereichen lag manches im argen, als der heilige Bernhard mit seiner schriftstellerischen Tätigkeit begann. Seit einem halben Jahrhundert vollzog sich in der Kirche ein beachtlicher Wandel. Er begann mit der sogenannten Gregorianischen Reform, die zum Teil die Ordnung in der christlichen Gesellschaft des Abendlandes wiederherstellte. Sie hat die schlimmsten Mißstände beseitigt; das ist unbestritten. Neue kirchenrechtliche Bestimmungen wurden erlassen, in Rom und in den Diözesen wurde eine bessere Verwaltung eingeführt, die Institutionen wurden reorganisiert und vervollkommnet. Doch all das reichte nicht aus. Bernhard spürte, daß die Kirche fortan weniger eine gesetzgeberische, organisatorische und politische Reform brauchte, sondern vor allem eine moralische und geistliche Erneuerung. Auf dieser Ebene setzte er mit seinem Wirken an.

Er forderte die Laien, Männer und Frauen, auf, sich aktiv in den Dienst Christi zu stellen, in Ehe und Familie, in der Gesellschaft, auch unter Waffen, wenn das ihr Beruf war, und im politischen Leben. Die Geistlichen und Bischöfe erinnerte er an ihre Pflicht, demütig zu sein und nicht herrschen zu wollen, arm zu sein und sich nicht von Ehrsucht und Habgier leiten zu lassen und dem Zölibat treu zu bleiben. Statt die Einhaltung des Zölibats nur zu fordern, machte er dessen Sinn und Wert deutlich: „Keuschheit ohne Liebe: Das ist wie eine Lampe ohne Öl." Sie kann kein Licht geben. Bernhard sieht im Zölibat eine Form der „Reinheit des Herzens". Diese besteht darin, daß der Geistliche in all seinem Tun und in all seinen Worten „sowohl die Ehre Gottes als auch das Wohl des Nächsten" sucht. In diesem weiten Sinn verstanden, setzt die Keuschheit die Lauterkeit der Absicht und die Loslösung von allen Begehrlichkeiten und irdischen Anhänglichkeiten voraus: „Selig der Mann der Kirche, der von allem, was immer an Gütern durch seine Hände geht – Gaben Gottes für die Menschen oder Geschenke der Menschen an Gott –, nichts für sich zurückbehält. Er sucht das Wohl seines Volkes und maßt sich nicht die Ehre Gottes an." Die Keuschheit ist also nicht von der Demut zu trennen: „Man kann sich der großen Gnade der inneren Lauterkeit nicht rühmen, wenn man nicht vollständig allen äußeren Eitelkeiten abgesagt hat." So betrachtet Bernhard die Keuschheit des Priesters keineswegs nur als eine Art Entbehrung. Er sieht darin für den Priester eine größere Möglichkeit, zu lieben, sich zu verschenken, zu dienen und wirklich Hirte zu sein.

Diese Auffassung spricht aus den Briefen des heiligen Bernhard, aus seiner Abhandlung *Ad clericos de conversione* (*An die Kleriker über die Bekehrung*) und aus seinem Traktat *Über Sitten und Amt der Bischöfe*. Sie mündet ein in die Schrift *De consideratione*, die an Papst Eugen III. gerichtet war, aber allen künftigen Päpsten und dem Klerus aller Zeiten zur Orientierung dienen sollte.

Aus dieser Schrift – wie aus anderen – lassen sich die Tragweite, aber auch die Grenzen der Bemühungen Bernhards ermessen. Er hat die Probleme verstanden, die sich auf allen Ebenen der kirchlichen Hierarchie stellten, vor allem auf der höchsten Ebene, dem Papsttum und seiner Umgebung, dem Klerus von Rom, den mit Verwaltungsaufgaben in der Leitung der Kirche beauftragten Mitgliedern der Kurie und den an der Kirchenführung beteiligten Kardinälen. Überall herrschten Ehrsucht und Bestechlichkeit. Bernhard strebte keine Änderung des „Systems“ an, er forderte eine geistliche Erneuerung. Er bejahte ausdrücklich den Primat des Papstes: Er bestätigte und bekräftigte ihn, aber er war sich der Gefahr des Autoritätsmißbrauchs und möglicher Machtüberschreitungen durchaus bewußt. Gleichzeitig setzte er sich für eine gewisse Unabhängigkeit der Bischöfe ein. Im Konkreten könnte das als Widerspruch erscheinen, nicht aber auf der Ebene des Gewissens. Bernhard hielt auch daran fest, daß der Papst „die beiden Schwerter“ behielt, die Symbole der geistlichen und der weltlichen Macht; allerdings riet er ihm, letztere durch die Fürsten ausüben zu lassen.

Es bleibt eine Aufgabe für die Historiker zu erforschen, wie sich Bernhard in jedem Einzelfall, in dem er vermittelte, konkret verhalten hat. Er war außergewöhnlich streng, fast unbarmherzig gegenüber den Römern, sowohl gegenüber den Geistlichen wie gegenüber den Laien. Ihre Verderbtheit, die in ihrem Egoismus wurzelte, so meinte er, stehe in krassem Gegensatz zur Beziehung der Liebe, die in seinen Augen das Leben der Kirche nach dem Bild der Dreifaltigkeit hätte prägen müssen.

Aus seinen Schriften

Die Kirche als Braut

„Wer immer die anderen mit Worten erfreut und in den Duft seiner Wohltaten hüllt, darf den Ausspruch auf sich beziehen: ‚Besser als Wein sind deine Brüste, duftend nach den köstlichen Salben.‘ Doch wer von uns besitzt wenigstens eine dieser Eigenschaften so voll und ganz, daß er nicht doch bisweilen unfruchtbar in seiner Rede und in seinem Handeln nachlässig wäre? Eine aber darf sich mit Recht und ohne Bedenken dieses Vorzuges rühmen: die Kirche. Denn sie entbehrt als Gesamtheit der Christen niemals der Möglichkeit, zu erquicken und zu duften. Was ihr an einem Gliede fehlt, besitzt sie an einem anderen, nach dem Gnadenmaß Christi und der Fügung des Heiligen Geistes, der allen gibt, wie er will. Die Kirche duftet in denen, die sich mit Hilfe des ungerechten Mammons Freunde machen. Sie erfreut durch die Diener des Wortes, die den Wein geistlicher Freude über die Erde ausgießen und Früchte sammeln in Geduld.
Die Kirche nennt sich mit kühner Zuversicht Braut, weil ihre Brüste in Wahrheit besser sind als Wein und nach den besten Salben duften. Wenn es sich auch keiner von uns herausnehmen darf, seine Seele Braut des Herrn zu nennen, so haben wir doch das Recht, an diesem Ehrentitel der Kirche teilzunehmen. Denn wir gehören zur Kirche; und sie darf sich rühmen, daß ihr der Name Braut nach Form und Inhalt zukomme. Was wir alle als Gemeinschaft voll und ganz besitzen, daran haben wir auch einzeln unstreitig unsern Anteil. Dank dir, Herr Jesus! Du hast uns in deiner Gnade zu Gliedern deiner geliebten Kirche gemacht, nicht nur, damit wir Gläubige wären, sondern auch, damit wir dir wie eine Braut in beglückender, keuscher

Umarmung auf ewig verbunden bleiben, wenn wir einst mit unverhülltem Antlitz deine Herrlichkeit schauen, die du gemeinsam hast mit dem Vater und dem Heiligen Geist in Ewigkeit." (*Cant.* 12,11)

Einheit in der Verschiedenheit

„Man wird mich fragen, warum ich, wenn ich alle Orden lobe, nicht in alle eintrete. Ich bewundere sie alle und liebe jeden Lebensstand, in dem in der Kirche in Frömmigkeit und Heiligkeit gelebt wird. Durch mein Handeln trete ich nur einem von ihnen bei, aber ich bin mit allen anderen durch die Liebe verbunden. Die Liebe bewirkt – davon bin ich überzeugt –, daß mir nicht die Gnadengaben der Orden vorenthalten sind, denen ich nicht beitreten kann. Sei vorsichtig! Es könnte sein, daß du dich vergeblich mühst, aber es kann nicht passieren, daß ich vergeblich das Gute liebe, das du gewirkt hast. So ist das kühne Vertrauen, das die Liebe schenkt! Der eine müht sich ab und lebt ohne Liebe; der andere tut nichts, aber er liebt. Der erste verliert sein ganzes Mühen, die Liebe des anderen aber wird nie enttäuscht. Ist es denn erstaunlich, daß in der Kirche in dieser Zeit, wo sie unterwegs ist zur Heimat im Himmel, eine Einheit in der Vielfalt und eine einzigartige Vielheit fortbestehen, da es doch selbst im Himmel eine ungleiche Gleichheit geben wird? Es steht geschrieben: ‚Im Hause meines Vaters gibt es viele Wohnungen' (Joh 14,2). Wie dort ein einzelnes Haus zahlreiche Wohnungen haben wird, hat hier eine einzige Kirche verschiedene Orden. In der gleichen Weise, wie hier ein- und derselbe Geist Gottes unterschiedliche Gnaden gewährt, wird dort ein einziges Haus unterschiedliche Herrlichkeiten vereinen. Hier wie dort besteht eine einzige und gleiche Einheit in einer gleichen Liebe. Hier geht die Verschiedenheit aus den mannigfaltigen Besonderheiten der Orden und Lebensstile hervor, dort kommt sie zustande durch die verschiedenen Verdienste,

deren Unterschiede weder Gegensätze noch Unordnung mit sich bringen. Die Kirche weiß sehr wohl, daß ihre Eintracht nicht Gleichklang ist und die Unterschiede irgendwie doch eine Einheit bilden; deshalb sagt sie: ‚Er leitet mich auf Pfaden der Gerechtigkeit, treu seinem Namen' (Ps 23,3). Sie spricht von ‚Pfaden' im Plural und von ‚Gerechtigkeit' im Singular. So bringt sie gleichzeitig die Verschiedenheit der Aktionen und die Einheit derer, die handeln, zum Ausdruck . . .
Nicht alle schreiten auf dem gleichen Pfad voran, denn es gibt nicht nur eine Wohnung, auf die man zugeht. Aber niemand, gleich auf welchem Weg er sich befindet, darf Abstand nehmen von der alle einenden Praxis des Guten: Jeder wird auf seinem eigenen Weg in seine Wohnung im Innern des einen Hauses des Vaters gelangen. In der Schrift heißt es: ‚Auch die Gestirne unterscheiden sich durch ihr Leuchten; so ist es auch mit der Auferstehung der Toten' (1 Kor 15,41 f). Die Heiligen im Reich des Vaters werden strahlen wie die Sonne, aber mehr oder weniger, je nach ihren Verdiensten. Diese Verdienste kann der Mensch hier auf Erden nicht so leicht wie oben im Himmel unterscheiden: Auf Erden sieht man nur die Werke, im Reich der Ewigkeit wird man nur die Herzen kennen. Die Sonne der Gerechtigkeit wird überall ihre Strahlen aussenden; dann werden die Geheimnisse der Gewissen offenbar. Wie hier auf Erden niemand ihrer Wärme ausweichen kann, so kann im Himmel niemand ihres Glanzes beraubt werden." (*Apologie,* 8)

Was ein Papst erwägen muß

„Du sollst vorstehen, um vorzusorgen, zu raten, zu verwalten und zu dienen. Dein Grundsatz sei vorzustehen, um vorzusehen wie der treue und kluge Knecht, den der Herr über sein Gesinde gesetzt hat. Zu welchem Zweck? Daß er ihnen zur rechten Zeit ihre Nahrung gibt, das heißt, du sollst austeilen, nicht anschaffen. Handle danach, und strebe nicht danach, als

Mensch über andere Menschen zu herrschen, damit kein Unrecht über dich herrsche! ... Ich fürchte für dich kein Gift und kein Schwert mehr als die Herrschsucht ... Erinnere dich an die Schriftstelle: ‚Verständigen und Unverständigen gegenüber bin ich ein Schuldner' (Röm 1,14). Wenn du überzeugt bist, daß auch du diesem Wort Gehör schuldest, dann bedenke, daß die belastende Bezeichnung ‚Schuldner' besser zu einem Diener als zu einem Herrscher paßt. Der Knecht ist es, der im Evangelium gefragt wird: ‚Wieviel schuldest du meinem Herrn?' (Lk 16,5). Wenn du also erkennst, daß du den Verständigen und Unverständigen gegenüber Schuldner, nicht Herrscher bist, mußt du dich mit aller Kraft dafür einsetzen und mit ganzer Wachsamkeit darauf sinnen, wie die Unverständigen verständig werden, die Verständigen nicht dem Unverstand verfallen und die in Unverstand Verharrenden wieder Verstand annehmen könnten. Keine Art des Unverstandes ist aber, so möchte ich sagen, unverständiger als der Unglaube. Daher bist du auch der Schuldner der Ungläubigen. Du mußt dir deshalb die größtmögliche Mühe geben, daß sich die Ungläubigen zum Glauben bekehren, die Bekehrten sich nicht von ihm abwenden und die Abgefallenen zurückkehren." (*Cons.* III, 2-3)

Ratschläge an die Bischöfe

„Sie werden Ihrem Amt nicht durch gewählte Kleidung, durch den Prunk des Gefolges oder durch die Größe Ihrer Gebäude Ehre machen, sondern durch einen ehrenhaften Lebenswandel, durch Beschäftigungen geistlicher Art und durch gute Werke.

Bei einigen Bischöfen stellt man fest, daß sie große Sorge auf ihre Garderobe verwenden, kaum oder gar keinen Eifer aber für die Tugend zeigen. Ich möchte ihnen das Wort des Apostels in Erinnerung rufen: ‚Zurückhaltung in der Kleidung!' (vgl. 1

Tim 2,9); doch ich fürchte, daß sie es nicht von oben nehmen und es für unbotmäßig halten, wenn man eine Ermahnung auf sie bezieht. Als ob nicht die Chirurgen dasselbe Skalpell nähmen, um Könige und einfache Leute vom Land zu operieren! Als ob man dem Kopf Unrecht täte, wenn man zum Haareschneiden dieselbe Schere verwendet, mit der man auch die Fingernägel geschnitten hat! Wenn unsere guten Bischöfe meinen, daß es ihrer unwürdig sei, gleichzeitig mit Schwächlingen in die Verdammnis hineingezogen zu werden – die vom Apostel, nicht von mir ausgesprochen wurde –, dann sollten sie darauf eingehen und nicht mehr in einen solchen Fehler fallen! Sie sollen sich weigern, ihre Ehre in das Werk der Kürschner und Weber zu legen, sondern in ihre eigenen Werke! Sie sollten sich schämen, ihre geweihten Hände, die dazu bestimmt sind zu konsekrieren, mit jenen feinen Häuten zu zieren, die in einem besonderen Rot gefärbt sind. Sie sollen diese auch nicht mehr gebrauchen, um sich die Brust damit zu bedecken: Besser wäre es, diese mit der kostbaren Perle der Weisheit zu schmücken; auch nicht, um sie um den Hals zu hängen: Das Joch Christi wäre da passender und annehmlicher! Solcher Schmuck steht in keinem Verhältnis zu den Wunden Christi, und diese sollten die Bischöfe nach dem Beispiel der Märtyrer an ihrem Leib tragen . . .

Der Bischof ist der Hirte, das Volk ist seine Herde; kann es dann richtig sein, daß sich der Hirte in nichts von seinen Schafen unterscheidet? Soll mein Hirte wie ich armes Schaf immer mit dem Kopf zur Erde geneigt gehen, auf den Boden schauend, das Hirn leer und in Gedanken bei seinem Bauch? . . . Wehe mir, wenn der Wolf kommt! Niemand wird den Überfall voraussehen, mir zu Hilfe eilen und mich seinen Zähnen entreißen. Soll sich der Hirte nur nach seinen Sinnen richten, sich an die nichtigsten Dinge klammern und den Gütern dieser Welt nachtrauern? Soll er nicht vielmehr aufrecht stehen wie ein Mann, zum Himmel schauen und die Dinge von oben suchen und kosten? . . .

Aber siehe da, mein Mann entrüstet sich, wenn ich auch nur einen ganz kleinen Hinweis gebe; siehe da, er befiehlt mir, die Hand auf meinen Mund zu halten, und ermahnt mich, daß ich einfacher Mönch kein Recht hätte, über die Bischöfe zu urteilen. Dann aber schließ mir die Augen, damit ich nicht sehe, was zu kritisieren Du mir untersagst." (*Ep.* 42,5)

Warnung vor den Römern

„Nenne mir einen einzigen Mann in ganzen Stadt Rom, der dich als Papst angenommen hat, ohne daraus Gewinn zu ziehen oder wenigstens zu erhoffen! Und wenn sie dir auch Unterwerfung versprochen haben, so wollen sie vor allem herrschen. Sie geloben Treue, um denen, die ihnen trauen, um so besser schaden zu können. Deshalb wird es bei dir keine Ratsversammlung geben, von der sie sich ausgeschlossen glauben, und kein Geheimnis, in das sie sich nicht einmischen. Wenn einer von ihnen vor der Tür steht und der Pförtner ihn auch nur ein wenig warten läßt, dann möchte ich nicht in dessen Haut stecken!
Nun aber überprüfe an einigen Beispielen, ob nicht auch ich einigermaßen die Sitten dieses Volkes kenne: Sie sind vor allem klug, um Böses zu tun; Gutes zu tun aber verstehen sie nicht. Sie sind Himmel und Erde verhaßt, denn an beiden haben sie sich vergriffen. Sie sind frevlerisch gegen Gott, ehrfurchtslos gegen das Heilige, aufrührerisch gegeneinander, neidig gegen die Nachbarn, unmenschlich gegen die Fremden. Sie lieben niemanden, deshalb liebt auch sie niemand; da sie von allen gefürchtet werden wollen, müssen sie auch alle fürchten. Sie sind Menschen, die es nicht ertragen, jemandem zu unterstehen, aber sie sind unfähig vorzustehen. Gegen Vorgesetzte erweisen sie sich als treulos, gegen Untergebene dagegen als unerträglich. Sie sind unverschämt im Fordern, beim Verweigern dagegen hartnäckig; sie sind ungestüm, wenn sie etwas erhalten wollen, unruhig, bis sie es haben; undankbar, sobald sie es er-

halten haben. Sie verstehen es, große Worte im Munde zu führen, während sie winzige Taten vollbringen. Bei Versprechungen sind sie äußerst großzügig, beim Erfüllen dagegen äußerst knausrig, beim Schmeicheln die Gewandtesten, beim Verleumden aber die Gehässigsten, beim Heucheln völlig arglos, beim Verrat dagegen völlig skrupellos. Ich bin so weit abgeschweift, weil ich meinte, dich in dieser Hinsicht ausführlich und deutlich vor denen warnen zu müssen, die um dich sind."
(*Cons.* IV, 4)

Der Weg des Christen

Aus dem, was der heilige Bernhard über die verschiedenen Aspekte des Geheimnisses Christi gelehrt hat, kann man ablesen, wie sich nach seiner Auffassung die Begegnung zwischen Gott und dem Menschen vollzieht. Gott hat sich uns mitgeteilt durch Christus und die Gaben des Heiligen Geistes, die der Kirche geschenkt sind. Ausgangspunkt unserer Umkehr zu ihm ist die Demut, von der Bernhard seit Beginn seiner schriftstellerischen Tätigkeit gesprochen hat. Das Ziel ist die Liebe, die er unablässig besingt. Das eine wie das andere ist zunächst Erfahrung, dann Gegenstand der Reflexion und schließlich Prinzip des Handelns. Am Ende wird die Herrlichkeit des auferstandenen Christus unsere menschliche Natur umwandeln, ohne sie zu zerstören. Über welche Stufen, auf welchem Weg werden wir jenen Gipfel der Ewigkeit erreichen?

Kampf und Sieg

Die ganze Lehre Bernhards ist geprägt durch ihren „Erfahrungscharakter", wie man heute sagen würde. Man hat manchmal über den Begriff der religiösen Erfahrung bei Bernhard gesprochen, als bestünde sie vor allem oder gar ausschließlich aus dem, was man gewöhnlich als mystische Erfahrung bezeichnet, also aus den raren Momenten, in denen ganz wenige Christen tiefste Erfahrungen des Gebets und der Vereinigung mit Gott machen. Und zweifellos gehen seine Aussagen manchmal in diese Richtung. Man muß jedoch diese Deutung weiter fassen: Die religiöse Erfahrung erstreckt sich auch auf das Bewußtsein, das der Mensch von sich selbst und seiner Armseligkeit hat, von seiner „Distanz in der Beziehung zu Gott“. Es ist nämlich dieser grundlegende Bewußtwerdungsprozeß, der den Ruf nach Gott weckt und der uns für seine Antwort, seinen „Besuch“, empfänglich macht. Daher gibt es keine „mystische“ Erfahrung ohne „asketische“ Erfahrung.

Bernhards Lehre wurzelt in einer tiefen persönlichen Erfahrung des inneren Kampfes. Seine ganze Theologie ist eine Reflexion – vor allem im Lichte der Evangelien und des heiligen Paulus – über diese Grundsituation, über die Erfahrung, die er in sich macht und die sich in jedem Menschen vollzieht. Der Mensch hat die vollkommene innere Freiheit verloren. Durch sie wäre er immer mit Gott vereint, da er beständig den Willen Gottes erfüllte. Aber der Mensch kann diese Freiheit neu gewinnen. Er verzweifelt nicht, denn er weiß, daß Gott Mensch geworden ist und uns in Christus erlöst hat. In uns wirkt seine helfende Gnade. In Bernhards Spiritualität finden sich stets diese beiden Perspektiven: ein tiefer Realitätssinn, aus dem die Demut entspringt, und eine sichere Hoffnung, die Mut und Optimismus weckt. Diese beiden Aspekte hat die geistliche Tradition mit dem Begriff „Bußfertigkeit“ umschrieben. Gilson hat gemeint, die Philosophie des heiligen Augustinus sei „wesentlich eine Metaphysik der Umkehr“, denn sie werde „von einem Faktum beherrscht: von der religiösen Erfahrung seiner eigenen Bekehrung“. Analog dazu könnte man die These vertreten, daß die Lehre des heiligen Bernhard eine „Theologie der Bußfertigkeit“ ist, denn sie wird genährt von dieser grundlegenden christlichen Erfahrung. Das wird an vielen Stellen seines Werkes deutlich.

Bernhard stellt immer wieder die Grenzen des menschlichen Daseins, seine „Endlichkeit“, dar. Manchmal spricht er nur andeutungsweise darüber, manchmal analysiert er ausführlich die Seelenzustände, die die heutige Philosophie als charakteristisch für die menschliche Existenz betrachtet: Sorge, Einsamkeit, das Gefühl der Sinnlosigkeit, die Unfähigkeit der Vernunft, alles zu erklären, Resignation und Angst vor dem Tod. Wäre der heilige Bernhard dabei stehengeblieben, hätte er nichts anderes gesagt als viele pessimistische Moralisten seit der griechisch-lateinischen Antike. Ihm dient diese Erfahrung des inneren Kampfes aber als Ausgangspunkt für die christliche Hoffnung, das Heilmittel für die menschliche Not. Die „Armseligkeit" des Menschen verlangt – wie bereits gesagt – nach der „Barmherzigkeit". Vor mir, dem Sünder, steht der heilige Gott, dessen Macht und Größe seiner Liebe entspricht. Er kann und will dem Menschen zu Hilfe kommen, und er hat das in Jesus Christus getan. Mit Hilfe von Worten und Gedanken, die alle der Heiligen Schrift entnommen sind, läßt Bernhard uns an diesem Prozeß teilnehmen, in dem die Schwäche zur Gelegenheit wird, Gnade zu empfangen und so dem Willen Gottes entsprechend zu handeln, schließlich dem Herrn zu begegnen und mit ihm eins zu werden.

„Schwäche" und „Versuchung" werden zunächst als konkrete Gegebenheiten erfahren. Dann sind sie Gegenstand der „Reflexion", Quelle der „Meditation", des „Nachdenkens über sich", was schließlich zu einer „Einsicht" führt: Das „Gewissen" erkennt die Schwäche als Gelegenheit zur „Bekehrung", zur Umkehr zu Gott. Unser „Herz", in dem sich dieser Kampf vollzieht, und der Sieg, den wir davontragen sollen, sind das Hauptthema seiner Ansprachen zur Fastenzeit und zum Psalm 91. Jesus selbst zitierte einen Vers aus diesem Psalm, als er versucht wurde. Das Wort „du wirst es sehen mit eigenen Augen" gibt Bernhard Anlaß zu folgendem Gedankengang: Gemeint sei ein innerer Blick, den man, so klar und durchdringend wie möglich, auf sich selbst richtet. Und da dies ein Blick des Glaubens ist, entdeckt man mit Hilfe der Gnade das bereits umgewandelte Ich. Bernhard verbindet untrennbar die Wahrheit im Urteil über uns selbst und den Glauben an die Güte unseres Gottes. Darauf gründet der tiefe Optimismus, daß der Christ nicht verzweifelt, auch wenn er seine ganze Armseligkeit erkennt. Nachdem Bernhard den inneren Widerspruch im

Menschen beschrieben hat, zeigt er auf, wie die Gnade die gegensätzlichen Erkenntnisse in Einklang bringt. Daraus folgt für Bernhard eine große Bewunderung für das Werk, das Gott in seiner Schöpfung vollbringt (*Div.* 48).

Bernhards Unterweisung ist geprägt von diesem Übergang vom „Fleisch" zum „Geist" – im paulinischen Sinn dieser Worte –, vom Egoismus zu einer Öffnung auf den ganzen Kosmos. Dazu bedarf es eines Überschreitens des natürlichen, noch nicht von der Gnade befreiten Ichs. Zu den höchsten Formen dieser Selbstüberschreitung gehört der *excessus*, das Heraustreten aus sich selbst, die Ekstase. Aber abgesehen von diesen außergewöhnlichen, seltenen und kurzen Momenten der Gnade, muß sich der Christ ständig und während des ganzen Tages darum bemühen, aus sich herauszugehen, sich mittels der Askese auf die Ebene der bereits gegenwärtigen und in ihm wirkenden Gnade zu begeben. Das geschieht durch die Kontemplation Christi in der Heiligen Schrift, durch das Gebet und die Abtötung in all ihren Formen. So wird der Christ in seinem geistlichen Leben, im Leben des Heiligen Geistes, sein wahres Ich, den Bruder und Gott finden: Das sind die drei Stufen der Liebe. Die Lehre Bernhards von der Wiederherstellung der Gottebenbildlichkeit des Menschen beinhaltet gleichzeitig das Wirken der Gnade und die Freiheit, eine gedankliche Klarheit und die Übungen der Askese, das heißt: der konkreten und alltäglichen Mittel, durch die sich der Mensch bemühen muß, sich zu erneuern, sich nach dem Beispiel Christi zu „re-formieren". Die „theologischen" Traktate des heiligen Bernhard sind nicht zu trennen von den Texten (Briefen und Ansprachen), in denen er darlegt, wie sich dieses Ideal verwirklichen läßt.

Das Ziel des Menschen ist das Erkennen der Wahrheit, die Gott ist, und dessen, was die Beziehung des Menschen zu Gott ausmacht. Ist das Hindernis der Stolz, so ist das Heilmittel die Demut. Voraussetzung ist die Gnade, die Begegnung mit Gott in Christus. Das Ergebnis ist, daß der Mensch in der wiedergefundenen Gottebenbildlichkeit seine Würde neu erkennt.

Während die Unkenntnis über sich selbst und der Stolz den Wert des Menschen herabmindern, offenbart ihm die Demut, daß er Gott braucht. So „geht der Mensch aus sich heraus“, erhebt sich, öffnet sich und „streckt sich aus“ nach neuen Dimensionen der Liebe zu Gott und zum Nächsten. Der demütige Mensch wird sanftmütig und barmherzig. So läßt der gelebte Glaube, gewissermaßen umgewandelt in Demut, in Liebe, das „Ich“ aus dem „Du“ hervorgehen. Er erweckt das Ich zur Freiheit des Du, läßt es Person werden in der Gegenwart Gottes und in solidarischer Gemeinschaft mit allen.

Bei Bernhard ist die Botschaft der Herrlichkeit immer gebunden an seine Botschaft der Demut, an die realistische Betrachtung der Armseligkeit des Menschen und an das unerschütterliche Vertrauen in die Herrlichkeit, die er bereits in sich trägt und die nur darauf wartet, sich voll zu entfalten. Bernhard will ein wenig von diesem verborgenen Licht sichtbar werden lassen, das der Blick des Glaubens wahrnimmt. Bei ihm wie bei anderen großen Meistern des geistlichen Lebens, die schriftliche Werke hinterlassen haben, erklärt die Intensität der Erfahrung die Glut und Leidenschaft des Ausdrucks und auch das damit verbundene Maß an Übertreibung: Ob er die Abgründe unserer Erbärmlichkeit oder die Höhen des Einswerdens mit Gott auslotet, er scheint manchmal zu übertreiben und die Grenzen des Vernünftigen oder zumindest des Normalen zu überschreiten. Im Grunde aber offenbart er von sich selbst nur, was für alle gelten kann. Seine Schriften zeigen ein Denken, das sowohl kontemplativ als auch äußerst aktiv ist. Jeder Text entstammt einem klar umrissenen aktuellen Zusammenhang, aber immer berührt Bernhard das Universale. Je mehr ein Mensch Klarheit über sich selbst gewinnt, um so mehr kann er den anderen Licht geben.

Das Feld, wenn man so sagen darf, auf dem dieser Kampf ausgetragen und dieser Sieg errungen wird, ist die menschliche Person. Wir sahen, daß die Beziehung zwischen Leib und Seele Bernhard immer beschäftigt hat. Von der Abhandlung *De diligendo Deo* an hat er einen ausgeglichenen Optimismus im Blick auf den Leib bezeugt: Dieser ist einerseits eine Last, welche „die Seele beschwert", wie es in der Heiligen Schrift (Weish 9,15) heißt, andererseits ist er das notwendige Werkzeug, mit dem der Mensch die Geschöpfe und ihren Schöpfer erkennen kann. Wenn der freie Wille mit der Gnade des Heiligen Geistes dieses Werkzeug gut einsetzt, kann sich der Mensch von den leiblichen Kreaturen weg zu Gott hin erheben, nach einem Wort des heiligen Paulus, das Bernhard mehr als zwanzig Mal zitiert: „Seit Erschaffung der Welt wird seine (Gottes) unsichtbare Wirklichkeit an den Werken der Schöpfung mit der Vernunft wahrgenommen" (Röm 1,20).

Bernhard hat diese Einstellung zum Leib und zu den Sinnen des Körpers niemals aufgegeben. Er hat den Vergleich von Cicero und anderen Philosophen aufgegriffen, die in den Sinnen „Fenster" sahen, durch die das Böse in uns eindringt und dort schwer austilgbare Narben hinterläßt. Aber wenn die vergangenen Verfehlungen einmal vergeben sind, bilden sie keinen Makel mehr, und der Leib kann wahrhaft „zur Heiligkeit dienen". Diese Lehre hält Bernhard bis zu seinem letzten Werk, *De consideratione*, durch. Man versteht, daß er sich sein ganzes Leben lang gern auf das bezogen hat, was die Tradition der Kirchenväter über die „Sinne der Seele" gesagt hatte im Anschluß an Bibelverse wie: „Denkt in Frömmigkeit an den Herrn" (Weish 1,1) und „Kostet und seht, wie gütig der Herr ist" (Ps 34,9).

Wenn wir Gott erfahren, ruft das in uns Bilder wach. Sie sind das notwendige Bindeglied zwischen unseren Gefühlen und den Vorstellungen, die wir uns von Gott machen können. Im

Akt des Erkennens ist die Vorstellung der Begegnungspunkt zwischen den Gefühlen und der Vernunft. Unsere Vorstellung ermöglicht es, allem, was wir erleben, verschiedene Bedeutungen zu geben. Diese schöpferische Fähigkeit ist sehr nützlich bei der Auslegung der Heiligen Schrift und der Verkündigung ihrer Botschaft. Gott kann sich nur durch Bilder offenbaren. Er ist unsichtbar, aber der Mensch lebt im Fleisch. In Symbolen, „Zeichen“ und „Gestalten“ erhält er durch den Glauben eine verschleierte, aber sichere Kenntnis von dem, was Gott ihm sagen und für ihn tun will. Auf dieses Bedürfnis des Menschen nach Zeichen und Symbolen, auf seine Gabe, sich etwas vorzustellen, ist Gott eingegangen. Immer wieder hat er dem Menschen Zeichen und Bilder gegeben, in der Natur selbst, dann in der Heilsgeschichte, wie sie überliefert ist in einem Buch der Bilder, der Bibel. Nach den prophetischen Zeichen des Alten Testaments hat Christus in seinen Worten und in seinem Wirken Bilder, Gleichnisse, Beispiele und Sakramente gebraucht. Der heilige Bernhard verfügt über ein reiches Vokabular bildlicher Vorstellungen, um all jene Dinge darzulegen, durch die sich Gott wie in einem „Spiegel“ unaufhörlich geoffenbart und mitgeteilt hat. Es ist, als gäbe es in Gott eine Art Phantasie, mit der er uns verständlich machen kann, wer er ist, wie er uns liebt und was er von uns erwartet.

Die bildliche Vorstellungsgabe gut zu nutzen ist wichtig für unser Heil, denn in Christus hat sich Gott zum Bild gemacht. Um auf unsere Ebene herabzukommen, hat sich das Wort auf unsere Dimensionen eingelassen. Der Logos ist vorstellbar geworden und kann nachgeahmt werden. In seiner Lehre hat Jesus das Beispiel immer mit dem Wort vereint. Durch das Sichtbare hat er „zeigen“ wollen, was wir vom Unsichtbaren wahrnehmen können trotz des nur teilweise erhellten „Schattens“, in dem wir noch leben. Indem er sich zum leibhaftigen Bild machte, das den Sinnen zugänglich ist, hat er die Heiligung unserer Sinne und Vorstellungskraft ermöglicht. „Er wohnt in uns fortan durch den Glauben: in unserem Herzen, in unserem Gedächtnis, in unserem Denken, und steigt herab bis in unsere Vorstellung." Nachdem er durch seine Auferstehung Geist geworden ist, fährt er fort, das, was noch nicht klar ausgedrückt werden kann, darzulegen und „verstehen zu lassen".

Dieses christliche Menschenbild, das von unserer gegenwärtigen Daseinsweise, von unserem „In-der-Welt-Sein" in einem Leib ausgeht, erklärt den Stil, in dem Bernhard seine ganze Theologie formuliert. In der Heiligen Schrift, in der Liturgie, in einem Großteil der Werke der Kirchenväter ist die Sprache meist nicht abstrakt, sondern konkret, poetisch, symbolhaft. Auch Jesus verwendet Bilder, die aus dem Bereich der Sinne stammen. Ähnlich tun es der heilige Bernhard und die geistlichen Theologen, vor allem die aus dem Mönchtum. Zu einer Zeit, in der sich eine spekulative Theologie entwickelte, die man als „Wissenschaft" zu bezeichnen begann, versuchten Bernhard und seinesgleichen eine bildhafte Kenntnis von Gott zu vermitteln. Ihm ging es weniger um die Klarheit der gedanklichen Analyse als um Glaubenseifer, Begeisterung und Liebe. Wichtiger als das Verstehen war ihm das Staunen über die Güte Gottes, über die Schönheit, die in all seinen Geheimnissen aufstrahlt. Die Schönheit der Geschöpfe ist für ihn ein Widerschein, eine Teilhabe an der Schönheit Gottes. Er schafft in seinen Geschöpfen ein Abbild seiner selbst.

Den Menschen wird die vollkommene Schönheit erst durch die Auferstehung zuteil, wenn die Leiber in das klare Licht Christi hineingenommen und in seiner Herrlichkeit verklärt werden. In diesem Leben wie im andern kann man „sich nur im Herrn rühmen", wie es Paulus gesagt hat, den der heilige Bernhard häufig zitiert. Die Herrlichkeit, die Gott selbst ist, offenbarte sich im fleischgewordenen Wort. Christus hat sie weitergegeben, er hat sie durch seinen Tod am Kreuz mit uns geteilt. Nach einem anderen Text des heiligen Bernhard, der sich ebenfalls an Paulus orientiert, „ist unsere Herrlichkeit das Zeugnis der Wahrheit, die der Heilige Geist unserem Geist gibt" (vgl. Röm 8,16). Ihre Fülle ist dem Jenseits vorbehalten. Hier auf

Erden können wir davon nur einen Vorgeschmack bekommen, hier erleben wir die Versöhnung der Gegensätze, von Herrlichkeit und Kreuz.

„Gott will angebetet werden als Mensch unter Menschen, und nicht als Gott unter den Engeln." Die Kenntnis, die wir, ausgehend von den Sinnen über die Vorstellung und das Denken, von Gott erlangen können, bringt uns zum Staunen und drängt uns zur Liebe. Sie nährt in uns eine Sehnsucht nach unendlicher Freude, die erst nach dem Tod voll erfüllt werden kann.

Die Erwartung der Auferstehung

Über den Tod, der einem Teil unserer menschlichen Existenz ein Ende setzt, spricht Bernhard nicht sehr häufig. Er beschreibt ihn nicht und macht keine Aussagen über die theologische Bedeutung des Todes. Er bezieht sich gern auf das Wort aus Psalm 116: „Kostbar ist in den Augen des Herrn das Sterben seiner Frommen" (Ps 116,15). Sein Verständnis des Todes hat er bereits in einem seiner ersten Traktate formuliert, in der Schrift *An die Tempelritter*. Dort – wie an anderen Stellen – entfaltet er den Gedanken, auf den er immer wieder zurückkommt, die „Gewißheit", daß – wie bei Christus, so auch für den Christen – dem Tod die Auferstehung folgt. Der Tod setzt den „Mühsalen" der irdischen Existenz ein Ende und macht den Weg frei für den großen Tag – *dies illa* – des Sieges: Der Tod Christi war der Tod des Todes.

Der Tod eines Nahestehenden, wie für Bernhard der Tod seines Bruders Gérard, betrübt nur diejenigen, die von den Lieben getrennt werden. Nur deswegen wird er zum „Schrekken". Der Tod als solcher ist ein Heimgang, ein „Exitus" zur endgültigen Ruhe in Gott. Gérard ist frohen Herzens, singend und lächelnd gestorben. Im Jahre 1148 starb in Clairvaux Malachias O'Morgair, der Erzbischof von Armagh. Auch damals sprach Bernhard über das Sterben; es sei nichts Widerwärtiges oder Schreckliches. Der Tod des Malachias wird für ihn und für die ganze Klostergemeinschaft zum Anlaß, ein Fest zu feiern. Wenn der Tod „sehr schlimm" *(pessima)* für die Sünder ist, so haben die Glaubenden die Zuversicht, daß die Auferstehung Christi dem Tod den Charakter des Endgültigen genommen hat. Die Gedanken, die Bernhard mit dem Tod verbindet, sind geprägt von einem freudigen und vertrauensvollen Glauben, ja, vom Jubel. Eines der wichtigsten Elemente, die den Tod „wertvoll" machen, ist die Freude, welche die Entdeckung der ewigen Neuheit Gottes hervorbringen wird: *iucunditas de novitate*.

Schon in dem Traktat *De diligendo Deo* hatte Bernhard geschrieben: Der Leib ist gleichzeitig ein nützlicher „Gefährte" – darin liegt seine Größe – und eine Last, eine Grenze: Die Seele braucht ihn so sehr, daß sie sich an ihn klammert. Im Tod werden die Seelen von ihrer Armseligkeit befreit, aber sie verlangen weiter nach ihren Leibern, was sie daran hindert, vollkommen eins zu werden mit Gott. Die Menschen können sich also nicht ganz der beseligenden Schau Gottes erfreuen, bevor sie durch die Auferstehung mit ihren Leibern wieder vereint sind.

Diese Auffassung hat ihre Wurzeln in der Lehre der Kirchenväter, die Bernhard gelesen hatte: Ambrosius, Augustinus und Gregor der Große. Indem er ihre Hypothese aufgriff, offenbarte er eine der Grenzen seines philosophischen Denkens. Es ist geprägt von einem noch wenig vertieften metaphysischen Wissen um die vollkommene Liebe, zu der die menschliche Kreatur fähig ist, und um die Einheit, die zwischen Seele und Leib besteht. Die Vorstellung, die Bernhard sich macht, ist noch allzu „materiell". Er ist der Auffassung, daß das Fehlen des Leibes ein Hindernis sei für das vollkommene Sein in Gott. Die Reflexion nachfolgender Generationen brachte neue Einsichten. Doch noch im 14. Jahrhundert vertrat einer der Päpste von Avignon, Johannes XXII., eine ähnliche Auffassung und berief sich zu ihrer Rechtfertigung auf die Autorität des heiligen Bernhard. Sein Nachfolger, Benedikt XII., ein Zisterzienser, erklärte dann, daß die Seele den Leib nicht brauche, um mit Gott in vollkommener Liebe verbunden zu sein und sich seiner Anschauung zu erfreuen.

Bernhard hat immer daran festgehalten, daß der Mensch schon in diesem Leben von einem „starken Verlangen zu schauen, was er erwartet und glaubt", beseelt sein muß. Das ist die Erfüllung, die vollkommene Verwirklichung jener Gabe, die zur menschlichen Natur gehört, der „Neugier", der Sehnsucht, zu erkennen und zu lieben. Wenn diese Fähigkeit von ihrem Ziel abgelenkt wird auf Wirklichkeiten, die Gott in die Ferne rücken, wird sie zu einem Übel, dessen schlimme Folgen Bernhard am Ende seines Traktats *Über die Stufen der Demut und des Stolzes* beschrieben hat. Sie führt dann zur Ablehnung Gottes und zur Unwissenheit. Aber wenn der freie Wille wieder von ihr Besitz ergreift, orientiert er sie auf den hin, der allein sie befriedigen kann, und sie wird zur Tugend. Dank der Gnade, durch die sich der Heilige Geist der Seele mitteilt, kann sie entsprechend ihrer ursprünglichen Natur und ihrer ewigen Bestimmung wieder auf Gott hin ausgerichtet werden: *curiosa est quae sunt Dei*. Dann kann sie die Kenntnisse, nach denen sie sich sehnt, in den Dienst dieser einzigartigen Liebe stellen: Das ist die geistliche Erfahrung, die Begegnung mit Gott, die kontemplative Schau Gottes, wie sie in diesem Leben möglich ist. In einem der schönsten Texte über dieses Thema schreibt Bernhard: „Dieses Schauen ängstigt nicht, es beruhigt; es stachelt nicht die friedlose Neugier an, sondern schenkt Ruhe; es ermüdet nicht die Sinne, sondern läßt sie ausruhen. Da kann man wahrlich Ruhe finden. Gott ist ruhig, und er gibt allem Ruhe; auf ihn zu schauen, der in der Ruhe ist, heißt im Frieden sein" (*Cant.* 23,16).

Über die endgültige Schau der Herrlichkeit in der Ewigkeit findet man bei Bernhard nur zwei – allerdings bewundernswerte und für seinen Optimismus charakteristische – Texte. Der erste steht am Ende des Traktats *Über die Gottesliebe*.

Darin spricht er von den Freuden der Hochzeit des Lammes. Dort sind alle Konflikte überwunden, nicht nur gelöst, sondern beseitigt. Dort sind alle Bestrebungen, die Gott in den Menschen hineingelegt und welche die Sünde verkehrt hatte, in ihrer ursprünglichen Güte wiederhergestellt und auf das Unendliche hin ausgeweitet; sie erfahren eine Befriedigung ohne Ende und haben für immer Anteil an dem Glück, das Gott selbst ist: „Da findet man wahre Sättigung, aber ohne Überdruß; da findet man eine nicht zu stillende Neugier, aber ohne Unruhe; da findet man eine ewige und jeweils erfüllte Sehnsucht, aber ohne Not" (*Dil.* 33). Wenn die menschliche Natur diesen Gipfel der Liebe erreicht hat, ist sie befreit von den vergeblichen Versuchen, aus sich herauszugehen. Die Schöpfung wird, obwohl sie mit der Sünde behaftet ist, im Eschaton dank der Erlösung in Herrlichkeit umgewandelt.

Dieses Vertrauen in die Natur des Menschen, den Gott zu einer solchen Würde erhoben hat, spricht aus dem zweiten Text, in dem Bernhard von der ewigen Sehnsucht nach dem „Vaterland" schreibt: „Dort wird es an nichts fehlen: Da findet sich ein Überfluß, der die ganze menschliche Sehnsucht erfüllt ... Da wird uns nichts verborgen sein: Da findet man eine Weisheit, die die ganze Neugier des Menschen stillen wird." All diese Fähigkeiten, die verkehrt wurden, als sie ihre Befriedigung außerhalb von Gott suchten, werden gesättigt von dem, der das wahre Gut ist. Das ist das Gesetz der Heimkehr des ganzen Kosmos zu Gott: „Seht die Güter der Natur, es sind die der Menschheit; seht die Güter der Gnade, es sind die der Tugend; seht die Güter der Herrlichkeit, es sind die der Ewigkeit" (*Dil.* 16,7).

Das Kommen Christi

„Wenn wir andächtig das Kommen des Herrn feiern, so erfüllen wir damit nur unsere Pflicht. Denn er, der unserer Güter nicht bedarf, kam nicht nur zu uns, sondern auch wegen uns. Wie sehr wir seiner Güter bedürfen, zeigt die Größe seiner Herablassung nur allzu deutlich. Vom verordneten Heilmittel schließt man ja auch auf den Ernst einer Krankheit, von der Zahl der Arzneien auf die Zahl der Gebrechen. Welchen Zweck hätten die mannigfachen Gnaden, wenn es nicht auch verschiedene Nöte gäbe?
Nun lassen sich all die Nöte und Gebrechen, unter denen wir leiden, schwerlich aufzählen. Es begegnen mir aber drei Bedürfnisse, die allen gemeinsam sind und die man gewissermaßen als die wichtigsten bezeichnen kann. Es findet sich niemand unter uns, der in diesem Leben nicht Rat, Hilfe und Schutz bräuchte. Denn ein dreifaches Elend drückt das Menschengeschlecht. Öffnen wir nur die Augen, dann wird uns klar: Wir alle wohnen im Schattenreich des Todes, in einem gebrechlichen Leib, im Land der Versuchung und leiden jämmerlich an diesem dreifachen Übel. Wir sind leicht irrezuleiten, schwach im Handeln, kraftlos im Widerstehen. Wir wollen unterscheiden zwischen Gut und Böse und täuschen uns; wir möchten gern das Gute tun und fühlen uns zu schwach; wir versuchen, dem Bösen zu widerstehen, und werden niedergeworfen und besiegt.
Notwendig ist also die Ankunft des Erlösers, notwendig ist die Gegenwart Christi für die so mit Gebrechen behafteten Menschen. Möge er kommen und in seiner überreichen Barmherzigkeit durch den Glauben in uns wohnen und unsere Blindheit

erleuchten. Möge er allzeit bei uns bleiben und unsere Schwachheit stützen; möge er für uns einstehen und uns in unserer Gebrechlichkeit schützen und verteidigen! Ist er in uns, wer könnte uns dann noch täuschen? Ist er mit uns, was vermögen wir fortan nicht in ihm, der uns stärkt? Ist er für uns, wer ist dann gegen uns? (vgl. Röm 8,31) Er ist ein guter Ratgeber, der weder täuschen noch getäuscht werden kann, ein starker Helfer, der nicht ermattet, ein mächtiger Beschützer, der sogar den Satan unter unseren Füßen jäh zermalmt und alle seine Anschläge vereitelt. Er ist ja selbst die Weisheit Gottes, allzeit bereit, die Unwissenden zu unterweisen; er ist die Kraft Gottes, der es ein Leichtes ist, die Schwachen zu stärken und die Gefährdeten dem Abgrund zu entreißen.
Eilen wir also, meine Brüder, in allen Zweifeln und Nöten zu diesem großen Lehrmeister! Rufen wir diesen entschlossenen Helfer bei jeder Handlung an! Vertrauen wir uns diesem getreuen Streiter in jedem Kampf an! Denn dazu ist er in die Welt gekommen, um in den Menschen, mit den Menschen und für die Menschen auf Erden zu sein und unsere Finsternis zu erleuchten, unsere Mühen zu erleichtern und die Gefahren weit von uns abzuwehren.“ (*Ansprachen zum Advent,* 7)

Die Betrachtung der natürlichen, geistigen und ewigen Güter

„Liebe Brüder! Wir sollten sorgfältig und wachsam auf unsere Gedanken achten; ja, auf unsere Gedanken, denn ihnen bietet sich dauernd Stoff zu heiliger Betrachtung. Tag und Nacht singen und beten wir Worte aus den Propheten, Evangelisten und Aposteln, die mit Höllenstrafen drohen und Himmelsherrlichkeiten in Aussicht stellen. Woher kommen uns dann bloß so eitle, schädliche und unzüchtige Gedanken? Bald quälen sie uns mit ihrer Häßlichkeit und Spottsucht, bald mit Stolz, Ehrsucht und den übrigen Leidenschaften, so daß wir kaum einmal in Ruhe bei heiligen Gedanken Atem schöpfen können. Wehe uns wegen der Schwerfälligkeit und Lauheit unseres Herzens! Wir lassen uns von irdischen Nichtigkeiten einnehmen, statt uns sofort auf die Güter des Herrn auszurichten, seien es nun natürliche, geistige oder gar ewige. Wertvoll sind die natürlichen Güter, wertvoller die geistigen, am wertvollsten aber die ewigen. Die natürlichen Güter richten uns wieder auf, die geistigen dienen der Übung in der Tugend, die ewigen weiten unser Herz und schenken uns die Seligkeit.

Vielleicht vermagst du bei der Betrachtung den Blick nicht auf die erhabenen ewigen Güter zu heften, weil sie fern liegen und alles Verstehen übersteigen (vgl. Phil 4,7). Dann lenke den Blick weiter hinunter auf die Gnadengüter, die sich in der Übung der Tugenden zeigen. Du wirst erfahren, daß viel Gewissensreinheit, viel freie Stirn dazugehört, um beharrlich zu wandeln in Keuschheit und Liebe, in Geduld und Demut und in den anderen Tugenden, die dich vor Gott liebenswürdig, vor den Menschen aber versöhnlich und nachahmenswert machen. Und liegt dir auch das noch zu hoch und übersteigt deine schwachen Kräfte, so senke deinen Blick auf die Güter der Natur. Diese müssen dir ja so vertraut sein, wie du dir selbst vertraut bist. Wir sprechen nicht in dem Sinn von Gütern der Natur, als ob sie keine Gnaden wären. Wir bezeichnen sie so, weil sie der Natur selbst gleichsam angeboren und eingepflanzt worden sind, noch bevor jene Sünde nicht nur die Person, sondern auch die Natur vergiftete. Seither sind sie wegen der Wunde, die uns geschlagen wurde, nicht mehr so leicht zu erkennen, wenn wir auch meist mit Verstand und Herz verspüren, daß sie in uns und um uns sind. Und weil wir aus Seele und Leib bestehen, laßt uns nach dem Apostelwort mit den Gütern des Leibes beginnen; denn ‚zuerst kommt nicht das Überirdische, sondern das Irdische‘ (1 Kor 15,46).“ (*Div.* 16,1)

„Der Wille wird aufhören, sich den Leib zur Befriedigung der früheren Begierden dienstbar zu machen; er wird ihn der Vernunft zur Verfügung stellen und ihn dazu drängen, der Gerechtigkeit und Heiligung zu dienen. Dabei wird sein Eifer nicht geringer sein als zuvor, wo er ihn der Ungerechtigkeit ausgeliefert hatte, um Unrecht zu tun.
Nachdem nun die Willenskraft bereits verändert und der Leib ihr dienstbar gemacht ist, bleibt noch ein drittes, und das ist das Schwerste: Jetzt muß noch das Erinnerungsvermögen gereinigt und der Schmutz daraus entfernt werden. Denn wie könnte mein Leben aus meinem Gedächtnis schwinden? Das schlechte und dünne Pergament hat die starke Tinte ganz aufgesogen, und wie soll sie nun daraus wieder getilgt werden? Sie hat ja nicht nur die Oberfläche gefärbt, sondern alles durchdrungen. Ich würde vergeblich versuchen, sie abzuschaben: Eher würde das ganze Blatt zerreißen, als daß die häßlichen Buchstaben verschwänden. Vielleicht könnte die Erinnerung getilgt werden, indem ich einfach alles vergesse, was ich getan habe. Wie aber könnte mein Erinnerungsvermögen ganz und heil bleiben, wenn es von seinen Flecken gereinigt wird? Welches Schabmesser brächte das zustande?
Einzig und allein das lebendige und wirksame Wort, das durchdringender ist als jedes zweischneidige Schwert (vgl. Hebr 4,12). Gottes Vergebung tilgt die Sünde so, daß er sie nicht aus der Erinnerung herausschneidet. Vorher war die Sünde in der Erinnerung da und machte sie ständig krank; jetzt ist sie nur noch da und verursacht keinerlei Beschmutzung mehr ... Nimm die Verdammung weg, nimm weg die Furcht, nimm weg die Beschämung; denn die volle Vergebung hebt all das auf: Dann werden uns unsere Sünden nicht nur nicht schaden, sondern sogar zum Guten beitragen, weil wir uns dem, der sie uns vergeben hat, um so mehr zu Dank verpflichtet wissen.“ (*Conv.* 27f.)

Die Sprache der Liebe

„‚Habt ihr ihn gesehen, den meine Seele liebt?‘ (Hld 3,3), fragt die Braut. Als ob man ihre Gedanken lesen könnte! Sie fragt nach dem, den ihre Seele liebt? Hat er denn keinen Namen? Wer ist er denn? Und wer ist sie eigentlich?
Ich hebe das so nachdrücklich hervor, weil der Stil der Rede einzigartig ist und die Worte von einer auffallenden Unbekümmertheit sind, so daß sich dieses Buch der Heiligen Schrift von den übrigen deutlich abhebt. Man hat in diesem Hochzeitsliede weniger auf die Worte zu sehen, die es sagt, als vielmehr auf die Empfindungen, die es ausdrücken will. Der Grund leuchtet ein. Die heilige Liebe, die den einzigen Inhalt dieses ganzen Buches bildet, ist nicht nach Wort oder Sprache, sondern nach Tat und Wahrheit zu bewerten. Liebe spricht aus jeder Zeile; und wenn jemand verstehen möchte, wovon darin die Rede ist, so liebe er! Wer nicht liebt, der hört und liest das Lied von der Liebe umsonst; denn ein kaltes Herz vermag eine feurige Rede schlechthin nicht zu fassen. Wer kein Griechisch oder Latein gelernt hat, kann keinen verstehen, der griechisch oder lateinisch spricht. So bleibt auch die Sprache der Liebe dem, der nicht liebt, wildfremd; sie ist für ihn wie tönendes Erz oder eine klingende Schelle (vgl. 1 Kor 13,1). Die Wächter aber, die vom Heiligen Geist die Gnade der Liebe empfangen haben, verstehen, was der Geist spricht. Und da sie die Sprache der Liebe bestens kennen, fällt es ihnen leicht, in derselben Sprache, das heißt mit liebevollen Aufmerksamkeiten und Liebesdiensten zu antworten.“ (*Cant.* 79,1)

Drei Stufen der Gotteserkenntnis

„Möchtest du, daß ich dir die drei Arten der Besinnung durch eigene Namen kennzeichne? Wenn du einverstanden bist, können wir die erste eine verwaltende, die zweite eine beurtei-

lende, die dritte aber eine schauende Besinnung nennen. Der Grund für diese Bezeichnungen wird aus den Definitionen ersichtlich: Die Besinnung ist ein Verwalten, wenn sie die Sinne und die mit den Sinnen faßbaren Dinge in geordneter und gemeinnütziger Weise gebraucht, um die Erkenntnis Gottes zu gewinnen. Die Besinnung ist ein Beurteilen, wenn sie alles klug und sorgfältig erforscht und abwägt, um Gott zu entdecken. Die Besinnung ist ein Schauen, wenn sie sich innerlich sammelt und sich – soweit Gott die Gnade schenkt – von den Gegebenheiten des Menschseins freimacht, um Gott anzuschauen.
Ich glaube, es entgeht deiner Aufmerksamkeit nicht, daß diese letzte Form die Frucht der anderen ist, die übrigen jedoch ohne Hinordnung auf sie nur dem Schein, nicht aber dem Sein nach ihrem Namen entsprechen können: Ohne Blick auf die dritte sät die erste zwar viel, erntet aber nichts; die zweite kommt ohne Hinwendung zur dritten zwar voran, doch nicht an. Was daher die erste ersehnt und die zweite erspürt, verkostet die dritte. Dennoch führen auch die beiden übrigen zu diesem Vorkosten hin, wenn auch langsamer. Die erstere Form gelangt dabei mit größerer Mühe, die zweite mit größerer Ruhe zum Ziel.“ (*Cons.* V,4)

Gott in uns

„‚Das Wort ist Fleisch geworden und hat unter uns gewohnt‘ (Joh 1,14). Ja, es wohnt durch den Glauben in unserem Herzen, es wohnt in unserem Gedächtnis, es wohnt in unseren Gedanken und steigt selbst herab bis zu unserer Einbildungskraft. Was hatte der Mensch zuvor für Vorstellungen von Gott? Machte er sich nicht in seinem Herzen ein Götzenbild von ihm? Unbegreiflich und unzugänglich war Gott, unsichtbar und unerdenklich. Jetzt aber wollte er begriffen werden, wollte er gesehen und gedacht werden. Wie? fragst du. Wie er in der Krippe liegt, auf dem Schoß der Jungfrau ruht, auf dem Berge predigt, im Gebet die Nacht durchwacht; oder wie er am Kreuze hängt, im Tod erbleicht, freiwillig unter den Toten weilt, in der Vorhölle gebietet; oder wie er dann am dritten Tage wieder aufersteht, den Aposteln die Male der Nägel als Siegeszeichen zeigt und zuletzt vor ihren Augen in den Himmel auffährt. Was von alldem läßt sich nicht wirklich und fromm und heilig überdenken? Wenn ich an eines dieser Ereignisse denke, denke ich immer an Gott, und in allem ist er mein Gott." (*Ansprache zum Fest Mariä Geburt,* 10f.)

Die Umwandlung des Menschen

„Unser Leib sehnt sich danach, leicht zu sein wie die Luft, die eines der Elemente ist, aus denen er sich zusammensetzt, damit ihm seine Schwere keine Last mehr sei. So sagt uns der Glaube, daß unser zukünftiger Leib so leicht und beweglich sein wird, daß er nach Wunsch und ohne jede Schwierigkeit unseren Gedanken – so schnell sie auch sind – folgen kann. Was fehlt dann noch an der vollkommenen Seligkeit des Leibes? Doch nur die Schönheit. Da wir diese vollkommen besitzen werden, können wir sie mit Recht jenem Element zuweisen, das wir vom Feuer haben. ‚Denn wir erwarten', wie der Apostel sagt, ‚unsern Erlöser Jesus Christus, der unseren armseligen Leib verwandeln und seinem verklärten Leib gleichgestalten wird' (Phil 3,20f), indem er seine Verheißung erfüllt: ‚Dann werden die Gerechten im Reiche ihres Vaters leuchten wie die Sonne' (Mt 13,43). So wird also Gott unsere Seelen erfüllen, wenn er ihnen vollkommenes Wissen, vollkommene Gerechtigkeit und vollkommene Freude schenkt. Die ganze Erde wird erfüllt sein von seiner Herrlichkeit, wenn unser Leib unverweslich, leidensunfähig, beweglich und dem verklärten Leib Christi gleichgestaltet ist." (*Ansprache zum Fest Allerheiligen,* 4,6)

Der Tod des heiligen Malachias

„Das Fest Allerheiligen brach an, das überall hoch gefeiert wird. Doch nach dem alten Worte ist ‚Musik zur Trauer eine Rede zur falschen Zeit' (Sir 22,6). Wir nahmen an der Feier Anteil, wir sangen, obwohl uns nicht danach zumute war. Wir weinten beim Gesang, und wir sangen zu unseren Tränen. Malachias sang zwar nicht, weinte aber auch nicht. Wie soll denn auch weinen, wer sich der Freude nähert? Uns, die wir zurückbleiben, wird die Trauer gelassen. Malachias allein feierte das Fest. Denn was er mit dem Körper nicht vermochte, das tat er im Geiste, wie geschrieben steht: ‚Des Menschen Denken muß dich preisen, und seine übrigen Gedanken ein Fest dir feiern' (Ps 75,11). Das Werkzeug des Körpers versagte ihm, das Organ des Mundes schwieg, die Zunge tat ihren Dienst nicht mehr; doch er konnte mit dem Jubel des Herzens dieses Fest feiern ...
Welchen Grund hätte es gegeben, Malachias allzu maßlos zu beweinen? Ist doch sein Tod kostbar, mehr ein Schlaf als ein Tod, der Hafen des Todes ist zugleich die Pforte des Lebens. Malachias, unser Freund, schläft, und ich sollte traurig sein? Die Sitte, nicht die Vernunft, rechtfertigt die Trauer. Wenn der Herr seinem Geliebten Schlaf schenkt, und zwar einen Schlaf, in dem er ‚Kinder erbt vom Herrn und Leibesfrucht sein Lohn ist' (Ps 126,2f), ist dann das Weinen angebracht? Soll ich denn den beweinen, der dem Weinen entronnen ist? Er frohlockt, er triumphiert, er wurde eingeführt in die Freude seines Herrn – und ich sollte ihn beklagen? Ich wünsche mir das gleiche, ich beneide ihn aber nicht darum." (*Das Leben des heiligen Bischofs Malachias,* 72;75)

„Nach der Auferweckung unserer Leiber, im unsterblichen Leben, berauschen wir uns und fließen über von wunderbarer Fülle. Das ist es, wovon der Bräutigam im Hohenlied sagt: ‚Freunde, eßt und trinkt und berauscht euch, Geliebteste!‘ (Hld 5,1) Eßt vor dem Tod, trinkt nach dem Tod, berauscht euch nach der Auferstehung! Mit Recht werden diejenigen ‚Geliebteste‘ genannt, die vor Liebe trunken sind; mit Recht werden die ‚trunken‘ genannt, die es verdienen, zur Hochzeit des Lammes zugelassen zu werden (vgl. Offb 19,9), um mit ihm an seinem Tisch in seinem Reich zu essen und zu trinken. Dort zeigt sich die schon verherrlichte Kirche, die keinen Makel hat und keine Runzeln und nichts dergleichen (vgl. Eph 5,27). Dann macht er seine Geliebtesten ganz trunken, dann ‚tränkt er sie mit dem Strom seiner Wonne‘ (Ps 36,9), denn in der innigen und keuschen Umarmung von Bräutigam und Braut erfreut der Andrang der Fluten die Gottesstadt. Dies, so glaube ich, wird nichts anderes sein als der Sohn Gottes, der umhergeht und bedient, wie er es selbst versprochen hat (vgl. Lk 12,37), so daß von nun an gilt: ‚Die Gerechten aber freuen sich und jubeln vor Gott; sie jauchzen in heller Freude‘ (Ps 67,4). Daher diese Sättigung ohne Überdruß, dieses unersättliche Verlangen nach Neuem ohne Unruhe, daher diese ewige und unstillbare Sehnsucht, die doch nichts weiß von Bedürftigkeit. Daher endlich diese nüchterne Trunkenheit, die sich an der Wahrheit labt, nicht am Wein; die nicht trieft von Wein, sondern glüht von Gott. Von da an ist der Mensch für immer auf der vierten Stufe der Liebe angelangt, wo er aufs höchste und allein Gott liebt, wo wir uns selbst nur noch um Gottes willen lieben. Gott selbst wird dann der Lohn derer, die ihn lieben, der ewige Lohn der ewig Liebenden. (*Dil.* 33)

Auf der Suche nach dem wahren Bernhard

Der Bernhard der Legende entstand etwa zehn Jahre, bevor der Abt von Clairvaux sein irdisches Leben beendete. Er wurde stilisiert von einem Kreis von Bewunderern, die in Bernhard einen Heiligen sahen. Entsprach dieses Porträt dem, was man den Bernhard der öffentlichen Meinung nennen könnte? Unter seinen Zeitgenossen ist er von manchen kritisiert worden; andere haben ihn gerühmt; einige Chronisten haben ihn gar nicht erwähnt. Relativ klein war seit jeher die Zahl derer, die seine Texte lasen. Aber der Bernhard der Legende ist lebendig geblieben in der Ikonographie; sie entwickelte sich immer weiter, und neue Legenden kamen hinzu, wie beispielsweise die „lactatio“: Ein Spritzer Milch soll von der Brust der Gottesmutter in Bernhards Mund geflossen sein – eine Darstellung, die noch heute gezeigt wird.

Diese Legenden und Bilder sind Symbole, manchmal auch Stilisierungen, die ein Ideal darbieten, das nicht zu verwirklichen ist. Aber sie versinnbildlichen Ideen, die den Sehnsüchten vieler Menschen entsprechen. In diesem Sinne haben sie einen wahren Kern.

Der historische Bernhard ist eine Wirklichkeit auf der Ebene der Fakten, nicht der Symbole. Diese Fakten sind allerdings nicht immer genau bekannt. Wenn man versucht, seine Persönlichkeit darzustellen, wie sie wirklich war, spürt man, daß viele Unsicherheiten bleiben. Über Bernhard als Mensch, Christ, Mönch, Abt und Diener der Kirche sind wir durch glaubwürdige Quellen informiert. Der Bernhard der Legende ist entstanden, eben weil viele ihn geliebt haben, wie er war. Der historische Bernhard ist uns näher als der Bernhard der Legende, er hat nichts Wundersames an sich. Er stellt etwas Besonderes dar, weil er außergewöhnlich war, allerdings in dem menschlichen Rahmen, der uns allen eigen ist.

Am objektivsten begegnet uns Bernhard in seinen Schriften, die im Unterschied zu den Zeugnissen von Zeitgenossen wirklich von ihm stammen. Sie bilden also eine authentische Informationsquelle über das, was er dachte und vermitteln wollte. In seinen Schriften kann man unterscheiden zwischen dem „Bernhard der Frömmigkeit“ – hauptsächlich in seinen Ansprachen – und dem „Bernhard der theologischen Auseinandersetzungen“, der sich vor allem in seinen Traktaten zeigt. Man könnte noch den „Bernhard der Kirchenpolitik“ anfügen, der in vielen seiner Briefe deutlich wird.

All diese Texte bieten aber Interpretations-Schwierigkeiten. Bei Bernhard wie bei anderen Schriftstellern liegen diese in der Beziehung zwischen Literatur und Wirklichkeit. Es ist Aufgabe der Psycholinguistik, zwischen seiner Stilkunst und seinem Denken zu unterscheiden. Außerdem finden wir bei Bernhard wie bei Augustinus, Gregor und vielen anderen mehrere Stile: einen literarischen Stil in den Ansprachen, Traktaten und in den meisten seiner Briefe; einen Kanzleistil in den Briefen, die von seinen Sekretären abgefaßt worden sind; einen mündlichen Stil in den Ansprachen an seine Mönche (meist Zusammenfassungen oder nachträgliche Aufzeichnungen aus dem Gedächtnis). Das ging so weit, daß einige seiner Schüler unter seinem Namen in ihrem eigenen Stil einen Gedanken vermittelten, der von ihm stammt. Die verschiedenen Schriften Bernhards geben Anlaß, in seiner literarischen Hinterlassenschaft verschiedene Stufen oder Schichten der Authentizität zu unterscheiden.

Darüber hinaus ist es wichtig herauszufinden, wie er arbeitete und wie seine Schriften tradiert wurden. Die Geschichte der Handschriftentradierung, die Varianten, die Zeugnis geben von nachträglichen Überarbeitungen und Korrekturen durch den Autor, geben Einblick in dessen Arbeitsweise und

Psychologie. Ebenso ist die Geschichte der Verbreitung seiner Schriften aufschlußreich: Sie zeigt beispielsweise, daß seine konstruktive Kritik am Mönchtum von Benediktinerabteien durchaus akzeptiert worden ist und daß seine Anklage der Mißstände des Papsttums in seiner Schrift *De consideratione* in der Vatikanischen Bibliothek in zahlreichen Exemplaren vorhanden ist.

Wer die Konstanten im Vokabular Bernhards oder die Art, wie er die Heilige Schrift benutzt, erforschen will, kann fortan auf eine Konkordanz zurückgreifen, die mit Hilfe der Datenverarbeitung erstellt werden konnte (*Thesaurus Sancti Bernardi Claraevallensis*, Turnhout 1988). Für das Verständnis der Texte und die Kenntnis des gesellschaftlichen Umfeldes ist die Identifizierung der liturgischen, patristischen, kirchenrechtlichen und klassisch-antiken Quellen sehr hilfreich. Kurzum: Der Bernhard der Texte ist auch nicht leichter zu erforschen als der historische Bernhard.

Schließlich wird die Aufgabe noch dadurch erschwert, daß der „Bernhard der Historiker" in ständiger Entwicklung ist. Vor allem seit Anfang des 19. Jahrhunderts haben aufeinanderfolgende Ideologien in verschiedenem Sinn die Darstellungen beeinflußt, die man von ihm gab. Einige von ihnen, vor allem aus der Zeit der Aufklärung, zeugen von einer so extremen Parteilichkeit, daß sie eher Sympathie zu einem so verschrieenen Wesen wecken. Andere sind scharfsinniger und nuancierter. Manchmal ist man versucht zu fragen, ob es überhaupt eine objektive Geschichte gibt. Ein renommierter Historiker, der selbst über den heiligen Bernhard geschrieben hat, Georges Duby, war sehr aufrichtig und erklärte in einem Interview mit der Zeitschrift *La Voix du Nord* am 10. Oktober 1988: „Die Geschichte ist immer subjektiv . . ."

Wenn der heilige Bernhard schwer kennenzulernen, zu verstehen und – für manche – zu lieben ist, so liegt das an der Vielschichtigkeit seiner Persönlichkeit und seines Werkes.

Dieser verborgene Teil seiner Person sollte zum Ansporn werden, den wahren Bernhard so objektiv wie möglich zu erforschen.

Literaturverzeichnis

Schlüssel der zitierten Werke

Cant.	=	Sermones super Cantica Canticorum (Ansprachen über das Hohelied)
Cons.	=	De consideratione ad Eugenium Papam (Über die Besinnung an Papst Eugen)
Dil.	=	De diligendo Deo (Über die Gottesliebe)
Div.	=	Sermones de diversis (Ansprachen zu verschiedenen Themen)
Ep.	=	Epistulae (Briefe)
Grad.	=	De gradibus humilitatis et superbiae (Über die Stufen der Demut und des Stolzes)
Grat.	=	De gratia et libero arbitrio (Über die Gnade und den freien Willen)

Lateinische Werkausgaben

Patrologia Latina Bd. 182-185 (ed. Migne), Paris 1862ff.
S. Bernardi Opera, 8 Bde., hrsg. von J. Leclercq und H.M. Rochais, Rom 1957-1977 (kritische Ausgabe)

Deutsche Übersetzungen

Die Schriften des honigfließenden Lehrers Bernhard von Clairvaux, 6 Bde., hrsg. von E. Friedrich, Wittlich 1934-38
Bernhard von Clairvaux, Sämtliche Werke in 10 Bänden, hrsg. von G.B. Winkler, Bd. 1: Traktate, Innsbruck-Wien 1990

Inhalt

DIE BOTSCHAFT

In der gleichen Reihe sind erschienen:

Agostino Trapè
AURELIUS AUGUSTINUS
Ein Lebensbild
272 Seiten, gebunden, ISBN 3-87996-205-7

Pierre Riché
GREGOR DER GROSSE
Leben und Werk
132 Seiten, gebunden, ISBN 3-87996-353-3

Michel de Paillerets
THOMAS VON AQUIN
Skizze eines Lebens
120 Seiten, gebunden, ISBN 3-87996-327-4

Candido de Dalmases
IGNATIUS VON LOYOLA
Versuch einer Gesamtbiographie des Gründers der Jesuiten
280 Seiten, gebunden, ISBN 3-87996-235-9

Paul Türks
PHILIPP NERI
Prophet der Freude. Ein Lebensbild
240 Seiten, gebunden, ISBN 3-87996-334-7

Waltraud Herbstrith
TERESA VON AVILA
Lebensweg und Botschaft
200 Seiten, gebunden, ISBN 3-87996-295-2

Waltraud Herbstrith
THERESE VON LISIEUX
Geschichte eines angefochtenen Lebens
216 Seiten, gebunden, ISBN 3-87996-313-4

VERLAG NEUE STADT MÜNCHEN · ZÜRICH · WIEN